진아의 희망곡

진아의 희망곡

임진아 산문

마음산책

진아의 희망곡

1판 1쇄 인쇄 2025년 6월 15일
1판 1쇄 발행 2025년 6월 20일

지은이 임진아
펴낸이 정은숙
펴낸곳 마음산책

담당 편집 이하나
담당 디자인 한우리
담당 마케팅 권혁준 · 최예린
경영지원 박지혜

등록 2000년 7월 28일(제2000-000237호)
주소 (우04043) 서울시 마포구 잔다리로3안길 20
전화 대표 | 362-1452 편집 | 362-1451 팩스 | 362-1455
홈페이지 www.maumsan.com
블로그 blog.naver.com/maumsanchaek
트위터 twitter.com/maumsanchaek
페이스북 facebook.com/maumsan
인스타그램 instagram.com/maumsanchaek
전자우편 maum@maumsan.com

ISBN 978-89-6090-936-6 03810

* KOMCA 승인필
* 책값은 뒤표지에 있습니다.

노래가 담고 있는 이야기만으로 나를 바라보면서
나는 내 이야기로 입을 열 수 있다는 희망을 품었다.

Intro

첫 곡은 조동익이 부릅니다
〈혼자만의 여행〉

노래 하나가 편지가 될 수 있다는 걸 일찍 알았다. 학교에서는 그다지 대화를 나누지 않던 친구와 음악 메일을 주고받았다. 하교 후 각자의 집에서 둘만의 선곡표를 쌓아갔다. 중학생 시절 나의 저녁 창문으로 멜로디와 노랫말이 오고 갔다. 고개 숙인 소중한 이에게 해줄 말이 넘쳐 오히려 아무 말도 전할 수 없는 막막함이 일 때 노래 하나를 건넨다. 나는 요즘 이 노래를 즐겨 듣는다고 말하며 그의 창을 두드린다. 어두운 곳을 오랜 시간 헤매고 있는 친구와 술잔을 기울일 때도 나랑 같이 힘을 내자는 말 대신에 노랫말 한 줄을 부른다. 어느 음악가가 남긴 노랫말은 그날의 안주가 된다. 술을 마시고 늦게 귀가할 나를 위해 '집에는 왔어'라는 제목의 플레이리스트를 진작에 만들어둔다. 정말로 술을 마신 밤에 내가 꾸린 노래들을 들으며 술기운을 아낌없이 쓴다.

일로 만나 친해진 동료에게 쓰는 엽서에 이 절기에 어울리는 노랫말로 첫 줄을 장식한다. 지금 이 노래를 들으면서 쓴다, 하고 말문을 열며 엽서를 읽을 이에게 너만을 떠올리는 지금 여기 내 방의 분위기를 전한다. 노래와 노랫말은 사람과 사람 사이, 정적과 웃음 사이, 과거와 현재 사이, 그리고 나와 나 사이를 둥글게 잇는다. 노래가 가지고 있는 만큼의 힘으로만 그들을 엮는다. 노래가 지나간 자리에는 얇은 엽서 한 장을 닮은 기운이 그렇게 남는다.

노래 일지를 쓰면서부터 누군가가 볼 수 있는 곳에 나의 글을 선보였다. 노래 일지는 쓰는 행위가 아닌 나를 읽는 일에 가까웠다. 감상의 영역인 음악 위에 '나'라는 사람의 레이어를 겹치기 시작한 것도 그즈음이었다. 나를 다시 보는 용기가, 나를 잃지 않겠다는 의지가, 나랑 살고 싶다는 마음이 들었다. 노래가 담고 있는 이야기만으로 나를 바라보면서 나는 내 이야기로 입을 열 수 있다는 희망을 품었다. 노래를 따라서라면 나의 어떤 이야기도 노래처럼 멜로디가 될 수 있을지도 모른다고. 지난 시절의 슬픔을 알아채는 건 희망찬 일이었다. 그 희망은 오늘의 그것도 멀리서 볼 날을 그려보게 했다.

노래 한 곡이 더해진 하루에는 조동익이 쓰고 부른 〈혼자만의 여행〉 속 노랫말처럼 어느새 따듯한 바람과 하얀 꽃잎이 함께한다. 터덜터덜 소리를 내며 귀가하는 골목길을 '지친 언덕'이 아닌 '회복하는 언덕'으로 만드는 건 언제나 노래를 골라 듣는 나의 몫이었다. 내게 좋은 음악은 무엇일까. 아무 날인 오늘, 유독 선명하게 들리는 노래. 나는 오늘의 희망곡을 지나치고 싶지 않아 매일 노래만을 듣는 시간을 제대로 가진 후에야 내일로 건너갔다. 혼자 걸어가야만 하는 이 먼 여행의 동행자가 노래라는 것이 좋았다. 형체는 없으면서도 너무나도 묵직한 나의 노래 친구. 옛 가요를 듣는 일은 내가 보낸 음악 편지를 받는 일. 옛 노래만 들으면 잊은 줄 알았던 이야기들이 고개를 내민다. 노래 한 곡으로 어디까지 다녀오나 한번 두고 보기로 했고, 노래를 따라온 이야기들은 『진아의 희망곡』이라는 이름으로 묶였다.

노래 한 곡에 푹 빠져 쓴 기록들은, 노래 일지를 처음 쓰기 시작했을 무렵부터 같이 노래를 듣고 읽어준 이를 통해

'진아의 희망곡'이라는 제목을 만났다. 여기에 쓴 노래 일지들은 그간 누군가가 본다는 걸 인지하고 쓰고 묶었던 에세이와는 달리, 모르는 이, 아는 이 전부를 잊고 그저 혼자 쓰고 혼자 보기 위해 남긴 글들이다. 이 노래 일지들이 책이 될 수 있던 건 이하나 편집자님의 힘이 크다. 나로서는 상상조차 할 수 없던 제목을 받아 들고 몇 년간 부르고 지내면서 알게 되었다. 혼자였다면 내가 나의 이름을, 게다가 이름 옆에 희망이라는 단어를 감히 붙일 수 있었을까. 지금껏 노래 여정은 혼자만의 여행이었지만, 노래가 책이 되는 이 여정은 혼자만의 여행이 아니었다. 김성호가 쓰고 부른 〈김성호의 회상〉이라는 제목처럼, 누군가의 희망은 다른 누군가의 희망도 될 수 있다. 분명한 이름 하나가 있기 때문에 자리가 생겨난다. 나는 '진아'라는 나의 이름을 공란처럼 앞에 둔 이 제목이 아주 마음에 든다. 부디 『진아의 희망곡』을 통해 노래 하나로 나를 바라보는 조그만 순간을 하루에 수놓기를. 희망곡처럼 희망그림, 희망시, 희망글, 희망산, 희망여행, 희망카페…… 나를 살리는 것 앞에 희망이라는 단어를 한번 붙여 써보기를 바란다.

프롤로그, 작가의 말, 들어가며 등의 이름으로 맨 앞에 실리는 글. 라디오로 친다면 노랫말 없는 시그널 송과 이어지는 코너 소개, 시작 멘트일 것이다. 『진아의 희망곡』이라는 책이 라디오방송이라면, 나는 어떤 곡의 도입부를 틀고 싶을까. 길게 고민할 것도 없이 조동익의 〈혼자만의 여행〉을 떠올렸다. 이 곡은《이한철의 창호에 드린 햇살》이라는 라디오방송의 일요일 코너였던 '우리 노래 전시회'의 시그널 송이기도 했다. 음악가 김활성과 함께한 이 코너는 내게 필요한 위로를 아침 햇살처럼 반짝 선사해주었다. 아무리 긴 노래도 자르지 않고 끝까지 틀어주는 시간이었다. 좋아하는 노래 이야기를 그저 가만히 듣고만 있어도 마음 어딘가가 채워지고 후련해지는 기분. 『진아의 희망곡』도 그런 라디오 코너처럼, 누군가의 하루에 가만히 머물다가 여운만을 남기고 떠났으면.

여기에 모인 곡은 덜컹덜컹 버스를 타고 듣는 노래들의 목록이고, 그에 기댄 풍경들은 가만히 이동하며 소리 없이 쌓이던 나의 이야기들이다. 노래와 함께 혼자만의 여행을 하는, 노래 한 곡에 빠지면 혼잣말이 많아지는, 내게 맞는 라디오를 지금도 즐겨 듣는, 아무런 날에 어울리는 나만의 플레이리스트를 품고 있는, 살짝 열린 창문으로 연결된 모든 음악 친구에게 보내는 음악 편지다.

그럼, 진아의 희망곡을 시작합니다.

2025년 초여름

임진아

ON AIR

차례

Intro

A side

B side

Outro

노래를 따라서라면 나의 어떤 이야기도
노래처럼 멜로디가 될 수 있을지도 모른다고.

♬ 일러두기

1 곡명, 그림명은 〈 〉로, 음반, 공연, 프로그램 제목은 《 》로, 책 제목은 『 』로 표기했다.
2 곡명은 음반에 발표된 제목에 따르되, 발매 시기에 따라 여러 표기가 혼용되었을 경우 현행 맞춤법을 기준으로 삼았다.

A side

강인원이 부릅니다
〈영어 선생님〉

강인원의 노래 〈나는 아침이 싫어〉에 빠져 이 곡만으로 계절 하나를 다 보냈다. 아침을 싫어하는 이유가 이 순간만큼은 분명 아름다웠구나. 홀로 남겨진 방에서 들리는 먼 새소리를 상상하며 누군가의 아침을 같이 싫어했다. 노래가 세상에 나온 1985년 10월, 나는 세상에 아직 없었지만 엄마의 뱃속에서 '임하조'라는 태명으로 불리고는 있었다. 강원도 양양에 위치한 작은 해안 하조대에서 생겼다는 이유만으로 임하조라는 태명을 붙이는 아빠였지만, 내가 태어나 맞이한 나의 첫 봄에 강인원의 앨범을 들려줄 만한 사람이 있다면 그 또한 아빠일 것이다.

그로부터 30년하고도 몇 년은 훌쩍 지나서야 내 손으로 찾게 될 노래. 인생이 주는 이런 지난함에 대해 지겨워할 필요도 없이 그 긴 시간의 힘을 노래 한 곡을 더 좋아하는 데

쓰느라 바빴다. 아무한테도 알려주기 싫을 만큼 나의 현 세상을 뒤흔든 뒤늦은 명곡이었다. 마땅한 시기를 비로소 만난 내 세상 신곡이었다. 비가 내리면 내리는 대로 좋았고, 일부러 먼 길 떠나 듣고 싶기도 했다. 노래 속에서만 사는 '아침'이라는 단어를 어느샌가 그리워하고 있는 내 마음도 맛보았다.

강인원이라는 음악가를 잘 모르더라도 그의 멜로디는 한 번쯤 들어봤을 것이다. 마음이 절로 젖어드는 강인원표 멜로디를 들으면 불어오는 것들이 있다. 지금은 여기에 없는 것들, 어른이 되는 동안에 만난 이야기, 혹은 더는 겪을 수 없는 지난 시절의 풍경. 누군가 잠시 머물던 작은 방에서 피어난 한 바가지의 사소설 같은 일기. 높지 않은 건물들 사이에서 이래도 되나 싶을 정도로 서로 가까이 붙어 살던 90년대의 그림들이다. 이제는 보고 싶다고 볼 수도 없고 느끼고 싶다고 느낄 수도 없는 그런 기분을 어떻게든 손에 넣고 싶어서 시디를 찾아 나섰다.

마침 중고 시디가 좋은 가격에 올라와 있길래 냉큼 결제를 했는데 웬걸, 단번에 주문 취소가 됐다. 아무런 메시지도 받지 못했지만 이건 중고 거래 세상의 확실한 언어였다. 결제 취소의 의미는 "있었는데 이제 없습니다" 혹은 "생각해보니 팔지 않는 게 좋겠어요"가 아닐까 생각하며 다른 앨범을 검색했다.

마치 시디를 찾기 위해 출근한 것처럼, 마감을 빠르게 해낸 이유가 여기에 있다는 듯이 열심이었다. 강인원의 베스트앨범이 그날의 수확이었고, 귀여운 개들이 잔뜩 등장하는 아주 멋진 재킷 사진에 〈나는 아침이 싫어〉와 〈영어 선생님〉이 함께 수록되어 있어 마음에 들었다. 사는 김에 이소라 1집 테이프도 담았다. 이 주문도 취소가 된다면 문밖으로 나가 찾자고 생각하고는 퇴근하기 전에 결제를 마쳤는데 몇 분 뒤에 휴대폰이 울렸다. 시디 판매자가 보낸 문자메시지였다.

"판매자 공지 사항에 기재했지만 못 보는 분들이 많으셔서 문자 드립니다. 지방 근무 관계로 매주 월요일에만 음반 발송을 하고 있습니다. 다음 주 월요일에나 발송이 가능한데 괜찮으실까요?"

결제한 날은 화요일이었다. 급할 거 하나 없는 게 이 음악 감상의 세상이고, 어려우면 어려울수록 애틋함까지 더해지니 나쁠 거 없었다. 오히려 좋았다. 정말로 조금 웃으며 답장을 보냈다. "공지를 확인 못 했네요. 천천히 보내주셔도 괜찮습니다. 확인 문자 감사합니다" 문자메시지 뒤에 사람의 존재가 느껴지는, 중고 거래 세상의 소통이었다. 몇 분 뒤에 이해해줘서 고맙다는 답장이 왔다. 반복되며 오고 가는 바쁜 근무의 나날에 중고 앨범을 배송하는 마음을 멀찍이 그려본 저녁이었다.

한 주가 훌쩍 지나고 따스운 택배가 도착했다. 묘하게 사람의 손길이 묻어 있는 박스를 열어보니 강인원 베스트앨범, 이소라 1집 테이프와 함께 예상치 못한 신승훈 3집 테이프가 들어 있었다. 택배 박스를 막 뜯은 내 표정에는 이상한 기분이 더해졌다. 신승훈 3집 테이프는 일종의 취향 맞히기 서비스였다. '그렇다면 틀려버리셨네요……' 중얼거렸지만 생각해보면 신승훈 3집은 처음부터 끝까지 제대로 들어본 적이 없기에 틀렸다고 단정 지을 수 없었다. 주문자의 단 두 개의 주문 정보로 선물 하나를 맞히는 놀이는 분명 재미있을 것 같았다. 아, 나도 이런 거 하고 싶다. 하던 일을 집어치우고 싶을 만큼 끌리는 일이었다. 하지만 역시 이런 일은 오고 가는 근무의 나날을 이어가야만 할 수 있는 일이려나. 주문이 쌓인 앨범을 한 번에 발송하는 월요일, 그런 날 어울리는 노래 한 곡이 있다면 무얼까. 그 노래를 맞히는 망상 놀이로 신승훈 3집 테이프에 대한 답을 대신했다.

그날 저녁, 부엌 식탁에서 밥을 먹으며 모처럼 시디플레이어를 가까이에 두었다. 식탁 곁에는 시디플레이어만 있고 그 안에서는 옛 노래가 흘러나오고 있다. 90년대를 휩쓸던 어린이의 마음이 불어온다. 그 시절 만난 풍경이 어른이 된 내 식탁에 조용히 그려지지만 덧칠은 되지 않고 이내 사라진다. 저녁 메뉴 속 좋아하는 재료들을 끄집어내며 가사집을 펼쳐 〈영어 선생님〉 노랫말을 읽었다. 곱게 접혀 있던 가사집은 누군가에 의해 오랜만에 펼쳐진다는 듯이 군다.

노래를 가만히 들을 때는 몰랐던 노랫말이 내 이야기처럼 눈에 들어오기 시작하는 순간 눈물이 나는 건 이제 시간문제.

> 창밖으로 스쳐가는 향긋한 바람
> 오후의 교정이 햇살에 반짝이는 외로움일 때

노랫말을 읽기만 했는데 금세 나의 옛 교정이 곡의 풍경이 된다. '교정'이라는 단어 하나만으로 저마다 떠오르는 풍경이 있지 않을까. 지나간 교정을 떠올리기만 해도 눈물이 날 것 같을 때, 긴 시간을 지나 이리로 떠나왔다는 걸 실감한다.

같이 노래를 듣던 동거인도 내가 읽어주는 노랫말에 그만 삐죽 슬픈 표정을 짓는다. 교정 속에 대충 놓여 있던 이에게도 외로움은 존재했고, 그 외로움은 "오후의 교정이 햇살에 반짝이는 외로움"이었다는 노랫말. 의미 없게만 느껴지던 시간이었지만 그럼에도 불구하고 나도 모르게 반짝였다는 걸 시간이 지나서야 겨우 안다. 모르는 표정인 채 반짝이는 존재들. 나는 모르는 나의 빛. 그때는 못 보는 찬연한 빛.

어쩌면 교탁 앞에 선 선생님들은 교실에 앉은 우리들만이 꿀 수 있는 꿈이 넘치게 부러워서, 그래서 자꾸만 꿈을 꾸라고 했을까. 지난 자신에게 중얼거리듯이, 과거의 자신에게 닿지 않는 편지를 부치듯이. 아무리 말해도 모르는 시절이지, 아마 지금을 떠올리게 될 거야. 지금이 얼마나 좋은지를 지금 나의 무대에서는 알기 어렵다는 걸 교실 안에서 유일하게 아는 사람으로서, 일단 아무 그림 없는 작은 액자를 걸

어두는 마음으로.

그 마음을 안고 그때로 돌아간다 해도 여전히 나는 오늘이 싫은 얼굴을 하고 있겠지. 그걸 알아서 그때의 모르는 얼굴이 그리운 게 아닐까. 그 마음까지 더하며 〈영어 선생님〉을 듣는다. 지난 나의 선생님들이 자꾸만 걸어둔 액자를 통해 지난 교정을 이렇게라도 노래로 듣는다. 점심시간의 미술실에서 바라보던 창문을 떠올린다는 건 떠올릴 나의 창문이 있음을 이제야 아는 것.

점심시간이 되면 아이들의 목소리가 학교 건물 안팎에 하루 중 가장 밝게 울려 퍼졌다. 적당히 소란스럽고 들뜬 공기가 나는 딱 좋았다. 그 소리 위로 내가 튼 노래가 흐른다. 매일 학교에 갈 수 있어서 다행이라는 말을 그 누구와 나누지 않았지만, 친구들끼리는 알았다. 공식적으로 집에서 멀어진 이 시간, 가장 마음 놓이는 시간. 서로에게 서로가 보이는 이 시간이 사실은 좋다고.

친구와 함께 점심시간만의 들뜬 소리를 들으면서 창밖을 내다보며 시디플레이어로 노래를 꾹꾹 씹어 들었다. 그때 듣던 곡도 꼭 하나의 앨범이었다. 미술실 시디플레이어의 시디를 빼지 않고 그만 졸업했지만, 동그란 시디는 빠진 채로 빈 케이스만이 내 곁에서 그때의 소리를 내고 있다. 어쩌면 다음 미술부 학생들이 내가 두고 간 노래를 마저 듣고 또 듣지 않았을까. 타히티 80의 〈월페이퍼 포 더 솔Wallpaper For The Soul〉. 학교에 두고 간 그 시절 노래 또한 누군가에게 작은 창문으로 남게 되지는 않았을까.

웃음 지으며 얘기하며 거닐어봐도
가슴에 남는 것은 쓰다 만 일기처럼 외로움일 때
아이 러브, 어 리틀 피스, 어네스티

나는 〈영어 선생님〉 속 가장 좋아하는 이 노랫말을 일기장에 그대로 옮겨 쓰려다가 멈춘다. 나와 나의 선생님들이 걸어둔 작은 액자를 통해 새로 써본다.

미술실에 남은 동그란 시디
어른이 되면 더는 들리지 않는 외로움일 때
아이 러브, 어 리틀 피스, 어네스티

빛과 소금이 부릅니다
〈두 눈을 떠보니〉

빛과 소금의 5집 앨범 수록곡 〈두 눈을 떠보니〉는 여러모로 재미가 있는 곡이다. 잔잔히 울리는 멜로디에 적잖이 감탄하자마자 경쾌한 변주에 놀라버린다. 거기다가 한 글자 한 글자 선명히 들리는 결, 혼, 준, 비, 라는 노랫말에 온몸에 힘이 이상하게 풀린다. 노래는 신나게 흐르기 바쁜데, 나는 하루 종일 결혼 준비를 하러 돌아다녔다는 신이 나 얼빠진 듯한 노랫말에 한참 멈춰 있다. 얼마 안 가 두 눈을 떠보니 꿈이었다는 외침에 안심하는 나. 허망한 꿈 같은 이야기로구나. 배달 안 나가고 뭐 하냐는 콩트식으로 끝나는 아웃트로에 흘러나온 콧물을 슥슥 닦는다.

다시 노래를 튼다. 인트로에만 풍겨 오는 꿈결 같은 희망이 그저 좋아서 이 노래를 좋아하기로 한다. 이상적인 여성을 뻔하게 그리는 동시에 자조적인 남성 캐릭터를 대변하는 듯한 노래는 80~90년대에 부쩍 많이 나왔다. 〈두 눈을 떠보니〉 또한 그런 노래 중 하나라고 생각하고 이 정도로 많이는 안 들을 법도 한데, 잔잔한 인트로를 무시하며 지체 없이 쏟아내는 실없이 경쾌한 멜로디가 너무나 내 취향이었다. 한 손에 들어오는 작은 테이프를 구했다.

제목처럼 두 눈을 떠보니 모든 게 꿈인 바람 빠진 풍선 같은 이야기를 그리는 이 곡은, 3분이라는 짧은 시간 동안 허무하고 다디단 낮잠을 노래한다. 아득한 꿈 내용은 뒤로하고, 꿈에서 막 깨어난 사람 얼굴에 콧물 풍선을 한껏 크게 그려 터뜨린다.

이제는 빈 성냥갑으로만 남아버린 온갖 커피숍과 오전의 활기찬 빛이 들어찬 골목 풍경이 그려지지 않냐고요. 저마다의 근사한 성냥갑들이 도시 속에 자잘하게 놓여 있던, 지나고 보니 멋진 시절 말이에요. 지나고 보니 멋진 시절이라니. 노래의 인트로처럼 마음이 잠잠해진다.

노래 속의 사람, 바쁘게 결혼 준비를 하러 다니며 꿈을 그리는 어느 젊은 사람을 떠올리고 있자면 추억 속 한 인물이 등장한다. 내가 아직 초등학교에 들어가기 전, 부모님이 운영했던 레스토랑에서 일했던 사람. 나는 '오빠'라고 쉽게 불렀고, 그는 나를 '진아야'라고 살갑게 불렀다. 아마도 이십 대, 어리다면 어린 나이에 우리 가게에서 돈을 벌며 심지어 멍을 때릴 수 있는 쉬는 시간에도 나랑 놀아줘야 했던 오빠. 나이 차이가 제법 나는 젊은 성인 남자와 불 꺼진 레스토랑 테이블에서 단둘이 마주 앉아 성냥 쌓기 놀이를 했다니. 이제 와 생각해보면 참으로 꿈같고 콩트의 한 장면 같고 그렇다. 테이블이 그렇게도 많았는데, 지금의 나라면 분명 따로 앉고 싶을 텐데.

성냥을 엉망으로 갖고 놀아도 오빠가 웃어준 이유는 내가 그 집 사장 딸이기 때문이란 걸 알게 된 건 그로부터 한참 뒤의 일이다. 테이블에는 손으로 번쩍 들어 올려 주문을 알리는 작은 조명이 있었다. 그 조명 불 밑에서 성냥을 갖고 놀다가 쳐다보면 오빠는 담뱃갑을 만지작거리며 딴생각에 빠져 있다. 나는 오빠 손에 든 담배를 휙 뺏는다. "나 봐봐, 나 봐" 하며 담배를 무는 척, 피우는 척한다. 오빠는 금방 자세를 고치면서 "쓰읍! 사장님한테 이른다 너!" 담배를 확 낚아챈다. 그 반응이 좋아 나는 자리에서 벌떡 일어나 점프하고는 다시 앉는다.

레스토랑은 단란주점이 되고, 얼마 지나지 않아 단란주점조차 사라진다. 한 가정이 무너지는 장면을 티브이 드라마가 아닌 현실로 처음 본다. 놀이터 같던 레스토랑은 취한 어른들이 모여 정신 사납게 술 퍼마시는 가게가 되고, 엄마와 나는 차디찬 주방으로 짱박힌다. 나는 안주가 나가는 작은 구멍 앞에 앉아 미친 듯이 춤을 추는 어른들을 구경하며 매일 밤을 보낸다. 감히 손댈 수 없는 예쁜 과일을 묵묵히 조각하는 엄마. 그걸 밖에서 나르는 성냥 오빠. 그 사이 안주 구멍 앞에 있는 나. 과일 안주에 얄밉게 꽂혀 있는 이쑤시개를 찰나에 콕 만져본다. 우비 같기도 하고 화려한 조명 같기도 한 비닐이 이쑤시개를 꾸미고 있어서 따갑지가 않다.

안주 구멍으로 내밀고 있는 얼굴이 밖에서 너무 잘 보인다는 사실을 나는 한참 뒤에야 알았다. 벌게진 얼굴과 기분을 딱 좋게 가리는 조도 속에서 주방만이 새하얗게 빛이 나는 세상. 마치 천국 같다. 천국에도 주방이 있다면요. 엄마는 바쁜 와중에 번번이 얼굴을 내밀지 말라고 했지만 숨어 있다고 생각한 나는 상관없어 했다. 아이가 보고 있어서 불편하다는 손님의 목소리가 주방에 전해진 어느 밤, 나의 안주 구멍 구경은 끝이 났다.

〈두 눈을 떠보니〉는 잠에서 깨보니 모든 게 꿈이었다 말하며 끝난다. 성냥 놀이도, 안주 구멍 구경도 꿈처럼 싹 사라져버렸다. 점점 더 어두워지는 상황은 갈수록 어두운 쪽으로 속도를 내기 마련이었다.

엄마는 옛날이야길 잘 안 한다. 내가 우리의 이야기를 아무렇지도 않게 꺼내면 엄마는 "넌 참 기억력 좋다……" 하고는 식은 커피를 후루룩 마실 뿐이다. 엄마가 겨우 끄적인 말줄임표에는 이 대화에 되도록 끼지 않을 거란 의지와, 오늘까지 기억하고 있는 딸내미를 향한 인간적인 짠함이 섞여 있다. 여전히 핵심이 되는 이야기를 모른 척하며 말하기 꺼려하는 엄마를 보면, 어쩌면 아무리 시간이 지나도 이야기할 수 없다면 그건 할 수 없는 거라고 생각하게 된다. 애써서 되는 건 아무것도 없다고. 그런 와중에 엄마가 간신히 꺼내는 옛 시절 이야기에는 구체적인 장면은 다 빠져 있다. 단란주점 시절 토크에서 엄마가 꺼낸 문장은 언제나 쥐로 시작한다. 그럴 때면 나는 우리가 같은 쥐를 떠올린다는 게 슬프다. 우리가 떠올린 쥐는 언제나 죽어가는 중이라서.

"쥐를…… 쥐를 그렇게 죽여서. 쥐를 그렇게 찍찍이에 괴롭게 죽여서. 쥐를 죽여서 엄마는 이렇게 된 것 같아. 지하라서 쥐가 정말 많이 나왔잖아. 얼마나 잘 먹었는지 크기도 참 컸잖아. 다른 방법이 있었을 텐데. 엄만 가끔 가만히 있다가도 쥐들이 생각나. 쥐를 그렇게 죽여서 벌을 받는 것 같아…….”

오늘도 쥐로 시작해 벌로 끝나는 엄마의 문장에 달린 말줄임표가 너무 길다. 이대로는 안 되겠다 싶어서 마침표를 찍으러 나서는 나다. 정말 그럴지도 모르겠다 엄마, 하고 엄마를 부른다. “엄마, 지금이라도 쥐한테 미안해하자. 그리고 내가 그간 짬짬이 미안해했어” 하며 엄마를 안심시킨다.

나는 스스로 마녀적인 힘이 있다고 생각해서, 엄마에게 하는 이런 식의 말은 백 퍼센트 진심에 가깝다. 내가 아는 가장 오래전 죽음을 모두 기억하며 그 죽음들을 번번이 기리는 마녀. 그러면서도 생각한다. 정말 쥐가 그런 거면 어떨까 하고. 차라리 얼마나 좋을까. 그리고 거듭 또 생각한다. 쥐보다 그때의 자신에게 미안해하기란 얼마나 어려운지를. 쥐랑 엄마는 아주 가까이 있었는데도 엄마는 자신을 보진 않네. 바로 옆만 보면 당신이 거기에 서 있는데. 컵에 더는 남은 커피가 없는데도 나는 몇 번이나 빈 모금을 마시며 엄마의 등을 떠올린다.

'그래, 엄마, 엄마는 쥐만 생각해. 그 정도만 생각해. 내가 고른 건 안주 구멍이야.'

어느 날, 해 질 무렵에 아빠 오토바이 뒤에 앉아서 동네를 쏘다니다가 한 언덕배기에서 성냥 오빠를 우연히 만난다. 오빠의 한 손에는 방금 장을 본 비닐봉지가, 다른 한 손에는 애인의 손이 있다. 오빠의 모습은 기억이 잘 안 나는데, 언니의 옷은 선명하다. 흰 민소매 티셔츠에 분홍 치마. 반갑게 인사하는 구 직장 사장인 임 사장(아빠), 그리고 환하게 웃으면서 여전히 "진아야~" 하고 부르는 성냥 오빠.

잠시 멈춘 오토바이 때문에 소리가 요란했고 나는 위아래로 불필요하게 떨리고 있었다. 대체 뭐가 그렇게 부끄럽고 불편했는지 아빠 등으로 얼굴을 숨겼다. 언제 친했냐는 듯이 눈도 멀뚱멀뚱하게 떴다. 허허허 웃던 아빠는 대충 스몰토크를 마무리하면서 잘 살라고 말했고, 오빠는 그간 감사했다고 고개를 숙였다. 그 뒤로 하늘이 전부 다 보였다. 그렇게 오토바이의 속도로 그 자리를 벗어났다. 언덕배기에는 여전한 저녁노을이 드리워졌고, 나는 계속해서 아빠 등 뒤에 얼굴을 묻었다. 한 시절 단둘이 테이블에 앉아 있던 사람이 있었다고 한다면 과연 어떨까. 그 사람은 나에게 소중할까. 성냥 오빠에게 나는 기억될 존재일까. 부르릉 언덕길을 내려가는 도중 아빠가 말했다.

"결혼하고 싶다더라?"

"저 언니랑?"

"그렇겠지?"

고작 10년도 안 산 아이의 마음이 어땠더라. 이제 와 그 마음을 표현할 문장을 쓸 순 없겠지만, '이런 거구나'라고 알기까지 오래도 걸렸다. 지구에서 알게 된 대부분의 사람들과는 대강대강 제멋대로의 엔딩 장면을 그리게 된다는 사실을. 그날이 마지막 성냥 놀이인지, 마지막 레스토랑 체리콕인지, 마지막 안주 구멍 구경인지도 모른 채로 놓여 있다가 오토바이 속도로 사라진다는 사실을. 정말 다 꿈처럼 흐려져서, 겪은 일과 꿈의 경계가 흐려지기도 한다고. 그렇게 후다닥 다음 장으로 옮겨져버린다는 사실을 말이다. 이제는 길에서 마주쳐도 알아볼 수도 없고, 알아본다 한들 나눌 대화 또한 없지만, 나는 만나면 진짜 어색할 사람들과의 우연한 만남을 곧잘 상상한다.

성냥… 재밌었죠 / 성냥… 그거 다 버렸어… 다시 갑에 넣기 힘들었거든 / 죄송합니다… 담배는 요즘도 태우시나 봐요… / 넌… 안 피우지? / 전 어차피 피우면 안 돼요. 약 먹고 있어서… / 그때 너 웃겼는데… 아, 사장님은…? / 아빠는 티브이 보고 계실 거예요… / 엄마는…? / 여전히 일하세요… '아 씨, 오토바이 왜 출발 안 하냐… 두리번두리번…' / 그래, 잘 지내고 / 안녕히 계세요… / …… / ……

어쩌면 성냥 오빠는 빛과 소금을 제때 즐기던 사람일지도 모른다. 빛과 소금은 1990년에 데뷔했으니까. 성냥이랑 담배를 만지면서 놀 때 오빠 음악 취향이나 좀 떠들지. 나는 다 기억하고 사는데. 음악 취향은 더 오래 기억할 텐데.

나는 90년대 초에 청춘을 보냈을 성냥 오빠의 나이를 지나서야 비로소 빛과 소금의 존재를 알았고, 그 음악과 알맞은 시간을 보내기 시작했다. 노래를 들을 때마다 결혼 준비하는 성냥 오빠를 떠올렸더니 이제는 그 사람이 한 곡에 다 녹아버렸다. 감상의 영역이란 얼마나 제멋대로인지. 옛 노래를 듣는 건 다시는 나눌 수 없는 대화를 이렇게라도 떠올리기 위함은 아닐까. 빛과 소금의 여러 곡 중에서 〈두 눈을 떠보니〉를 가장 많이 들은 이유는 희망하는 것이 있기에 꾸는 꿈에 대한 노래이기 때문인지도 모르겠다. 박자가 경쾌하다는 게 좋다. 이 박자로 기억을 할 수 있다는 게.

나에게 아직도 마녀적인 힘이 존재한다면, 오늘은 이름도 성도 잊은 한때의 성냥 놀이 파트너를 위해 작은 기도를 보내고 싶다. 오늘 일자를 같이 보내고 있다면, 오늘만큼은 둘 다 이 곡의 템포로 보내게 해주세요.

그리고 남은 마녀적인 힘을 짜내서 오늘도 쥐에게 미안함을 전한다.

송창식이 부릅니다 〈사랑이야〉

생일을 맞이할 때면 여전히 벅찬 마음이 든다. 생일이 있는 4월은 꼭 모래주머니를 차고 다니는 듯 하루하루가 까마득하게만 느껴진다. 태어난 날보다 그다음 날을 기다리고, 그건 생일과 가장 먼 날이라 그렇다고 친구들 앞에서 이야기를 하고 나서야 생일을 그만 싫어하고 싶어졌다.

내 생일 기념으로 만난 4월의 어느 주말, 벚꽃도 이미 만개하고 그 위로 봄비가 내리던 날. 친구들과 카페 야외에서 바깥 커피를 마시고 나서, 문이 열린 술집으로 자리를 옮겨 딱 좋게 차가운 생맥주를 마셨다. 그때 다 같이 비슷한 표정으로 웃다가 한 친구가 지금에 대한 맛 평가를 하듯이 입을 열었다. "진아 덕분에 우리 좋은 계절에 만난다. 4월에 태어나줘서 진짜 고마워." 쉬이 흘러가버리는 대화들 속에서 굵은 표시로 오래 머물다 간 말이었다. 너를 이유로 우리가 만나 내가 다 좋다고. 그 말은 포장도 풀기 쉬운 선물이었다.

꼭 같이 갔으면 했던 술집에서 연거푸 마신 생맥주를 깔끔하게 등지고서 이십대에 종종 드나들던 술집으로 이동했다. 13,000원짜리 생맥주에서 4,500원짜리 생맥주로 갈아타도 우리끼리 둘러앉기만 하면 또 그에 맞게 웃고 마신다. 각자의 집으로 돌아가 씻고 잘 시간을 신경 쓰면서도 헤어지기 싫다는 듯 마셔대다가 새삼 깨달았다. 앞으로의 내 삶에서 지금이 가장 어리다는 것을.

처음 만났던 이십대 언저리의 표정을 다시 꺼내 보여도 되는 사이란 과연 그 싫던 생일조차도 좋아하게 만든다. 생일 축하는 초반에만 하고 나머지 시간은 질펀하게 아무 대화로 채우며 나를 주인공 자리에서 벗어나게 해주는 나의 친구들. 사회에서 만나 친구가 된 지 벌써 10년이 지났다고 신기해하며 기념하던 말도 진작에 과거의 대화가 되었고, 이제는 알 거 다 아는 사이 같아도 다시금 봄날에 맞춰 다닥다닥 테이블에 모여보니 할 말이 많았고, 그간 안 한 말은 더 많았다는 걸 알게 되었다. 그야 만나면 지금, 오늘, 당장의 우리 이야기만 떠들기에도 시간은 늘 부족했고, 다음을 그리며 각자의 자리로 떠나 다시 모이기까지의 너비는 커져만 갔다. 이런 게 어른이구나. 매일 같이 지내고 같이 밤을 지새우며 놀던 건 그때만의 기적 같은 말랑한 하루였음을 알게 되면서 어른 그다음의 어른이 된다.

어째서였을까. 이번 봄날엔 사랑 이야기를 꺼냈다. 지금의 사랑이 아닌 어린 날의 사랑 에피소드 대방출. 단 한 번도 물어본 적 없고, 질문을 받은 적도 없는 옛이야기. 집에서는 가족들 사이에 파묻히고 학교에서는 교실 안에 콩알처럼 가려져 있던 시기에 금방 타버렸다 꺼진 각자의 처음 마음, 그때의 사랑 이야기를 나눈 밤. 우리, 서로의 책을 아직 한참은 덜 봤구나. 이제야 여기까지 왔구나. 아직 모르는 게 많아 좋다는 듯이 아득해졌다.

처음 술을 마신 날이 언제인지에 대한 이야기, 그 옆자리에 사랑의 상대가 함께였거나 혼자 바라봤다는 이야기, 연민의 주체가 되어 이게 사랑인 줄도 모른 채 손을 내밀던 이야기, 오랜 사랑을 아껴하던 사람이었거나 잠깐의 사랑을 일삼던 사람이었다는 에피소드를 나누면서 너무 많이 웃었다. 아직 모르는 친구들의 면면들로 친구를 좋아하던 원래의 마음이 더욱이 투명해졌다.

한 친구가 옛 시절에는 사랑이 이루어진 적이 없었다고 말문을 열었을 때, 나와 다른 친구는 앞다투어 말을 잘랐다. 이루어져야만 사랑이냐고. 네 사랑을 받기만 했다던 사람도 사실은 네가 준 사랑으로 한 시절을 버텼을지 모른다고. 똑같은 무엇무엇이 사랑인 게 아니라 각자 다르게 그려내는 게 사랑 아니냐고. 술도 잔뜩 마셨겠다 신나게 떠들다가 마음속에서부터 멜로디 걸친 낮은 목소리 하나가 굵직하게 삐져나왔다. 나는 언제까지 내 삶 속 디제이로서 사연에 맞는 노래를 선곡하며 살까. 어느새 내겐 상황과 대화에 걸맞은 노래 한 곡을 뽑아내는 장치 하나가 생겨난 것 같았다.

"〈사랑이야〉라는 노래가 있어. 송창식이 만들고, 아내가 마저 가사를 쓴 곡인데, 이런 구절이 나오거든. '단 한 번 눈길에 부서진 내 영혼 / 사랑이야 / 사랑이야' 송창식 선생님은 이걸 사랑이라고 했어. 그러니까 단 한 번의 눈길에 부서지는 건 너무 대단한 일이고 그런 것도 사랑인 거야."

이루어진 사랑이 없다던 친구는 "맞아, 나 부서졌었어" 하고 가슴을 부여잡았고, 나와 같은 사랑론을 피력하던 친구는 "진아는 온통 노래 생각뿐이구나" 했다. 부여잡은 손을 풀면서 친구가 말했다. "집에 가면서 들어볼게."

처음 술을 마신 날이 언제였는지 한 명씩 돌아가면서 털어놓던 순간에 나는 속으로 나의 첫 술을 떠올리고 있었고 그게 또 싫었다. 친구의 술 에피소드에 초점을 맞추려고 정신을 번번이 차렸다. 나의 첫 술 에피소드는 그다지 특별하거나 재미있진 않은데……. 내 차례가 됐을 때 나는 심드렁한 표정으로 입을 열었다.

"나는 언제였냐면 중학교 3학년 때, 담임선생님이 좀 별나셔서 우리 반만 여름방학 때 기차를 타고 정동진에 가거나 또 어느 여름밤이면 운동장에 텐트를 쫙 깔고 거기에서 야영을 했거든. 밤에 아무도 없는 학교 안에서 공포 체험 같은 것도 하고. 누가 맥주를 몰래 가져와서 그날 처음 마셔본 것 같아."

너네 반만 정동진에 갔다고? 운동장에서 야영을 했다고? 선생님은 그때 없었어? 교무실에만 계셨다고? 놀라는 친구들의 표정에 새삼 내가 살아온 에피소드들은 내 생각보다 빛날지도 모르겠다고 깨달았고, 반 아이들과 야영을 하던 밤의 운동장이 이제야 풍경처럼 펼쳐졌다. 산으로 둘러싸인 학교 운동장에 옹기종기 모여 어느 텐트에서는 화투를 치고, 어느 텐트에서는 진실 게임을 하던 밤. 옆 반 못된 아이들이 질투심에 밤잠을 설쳐 그 늦은 밤에 텐트 밖 운동화를 훔치러 와서 그날만큼은 한 반인 것처럼 텐트에 잠깐 들어오게 했다. 처음으로 대화를 나누고 추억을 공유한, 잊고 지내온 그 밤의 어느 빛 어느 바람이 나이 든 어느 날 생일 즈음에야 전부 생생하게 들이쳤다.

그래서 그날 마신 인생 첫 술이 맛있었냐고 묻는 친구의 말에 나는 또렷하게 기억한다는 듯이 대답했다. “너무 맛이 없었어.” 친구들은 첫 술의 맛과 기억이 좋아 지금까지도 좋아하는 것 같다고 말하는 데 반해 나의 첫 술은 밍밍하기 짝이 없었고 쓰디쓰기만 했다.

“나는 사실 마시고 싶지 않았어. 나, 온 세상 술이 다 사라지는 게 꿈이었잖아. 세상 술을 다 버리고 싶을 정도로 술을 싫어했잖아.”

술 마신다고 낄낄거리는 자리 자체가 싫었던 내 표정과 함께, 술을 없애고 싶었지만 그러지 못했던 그때의 내 작은 손이 그려졌다. 아 맞아 얘네 집…… 그랬지…… 따위의 표정이 오고 가도 편안한 사이. 오고 가면 더 편안해지는 사이. “근데 지금은 술이 너무 맛있네” 하고 마저 웃는 나였다.

“그럼 진아야, 언제부터 술이 맛있었어?”

안 묻던 걸 묻고 또 물어보는 이 밤, 또 하나의 질문에 나는 눈알을 굴리다가 그 눈알로 앞에 앉은 세 명과 눈을 맞추었다.

"너네랑 마시고부터."

우리의 술상 위로 "사랑이야 사랑이야" 노랫말이 지나가는 것 같았다. 이런 것도 다 사랑이구나. 아프던 기억에 가까스로 새삼스러운 마음이 들고, 비로소 나의 것 우리의 것이 되는 순간, 서로 그렇게 만들며 자꾸만 둘러앉으려고 자기 생 안에서 노력하는 것. 우정이라고도 할 수 있겠지만, 더욱이 사랑의 힘이라고.

단번에 반해 찰나의 따가움에 타버리는 것도 사랑이고, 오래 두고 볼 수 있도록 우리의 정원을 가꾸는 것도 사랑이지. 친구들과 처음 만났던 날을 여전히 기억하고 있다. 낯선 회사 안에서 모두가 뻣뻣한 표정을 하고 있던 날. 서로 친구가 되는 길을 알아본 날은 며칠째였을까. 이토록 오래 술을 나누리라고 누가 먼저 예감했을까? 서울깍쟁이 같아서 말을 붙이기 힘들었다고, 술만 마시면 번번이 나를 서울깍쟁이로 기억하던 시기를 일부러 들추는 친구의 말에 푸하하하 웃으면서 술잔을 비운다.

아직 모르는 것이 많고, 묻고 싶은 것도 많은 사이는 분명 사랑이지. 더는 밤을 지새우며 놀지 않아도 각자의 집에서 씻고 그나마 말끔한 다음 날을 시작하길 바라는 마음도 분명 사랑이지. 생일이 있는 4월을 싫어하는 게 마음에 걸린다며 “그럼 좋아하는 10월로 생일잔치를 옮길까?” 물어봐주는 마음은 틀림없이 사랑이지. 봄날에 태어나줘서 고맙다는 말도 사랑이지. 이제는 너네 때문에 생일이 좋고, 이제 생일 안 싫어하겠다 말하는 내게도 그렇게 사랑이 생기지.

마지막의 마지막 술을 끝까지 마시고 나오니 비가 아닌 눈이 펑펑 내리고 있었다. 4월 중순에 내리는 함박눈. 생일을 싫어하는 마음 위로 거친 눈이 아무렇게나 쌓여 여태까지의 내 마음은 내 눈에 안 보였고, 이런 4월이라면 좋아할 밖에 별수 있나 싶었다.

서로 택시를 불러 집에 가는 길을 나눠 보는 밤. 친구는 송창식의 〈사랑이야〉를 듣고 있다며 재킷이 뜬 휴대폰 화면을 캡처해 보내주었다. 아까 들려주지 못했던 2절도 듣겠네. 어쩌면 그렇기에 더욱이 내 노래처럼 들릴지도 모르겠네. 속으로 생각하며 술기운 더해진 웃음이 지어졌다.

단 한 번 미소에 터져버린 내 영혼
사랑이야
사랑이야

눈길에는 부서지고, 미소에는 터져버리는 것. 홀로 앉은 자리에서 그걸 가만히 바라보며 발끝에 몰래 힘을 주는 것. 사랑이야. 사랑이야. 그런 대화가 이어진 밤, 우리는 무사히 도착했다는 말을 나누며 각자의 방으로 돌아갔다.

집에 돌아오는 나의 길에는 다른 노랫말이 흘렀다. 안 꺼진 라디오처럼 자연스럽게 다음 곡이 우러나온다. 〈사랑이야〉를 들으며 집에 가는 친구를 뒤로하고 나는 막차 안에서 시인과 촌장의 〈사랑일기〉를 떠올렸다. 다음에 만나면 이 노래를 이야기하며 그날의 테이블 위를 새로 꾸며야지. 헤어지자마자 언제가 될지 모를 우리의 다음을 그리면서 뿔뿔이 흩어져서 지낼 남은 계절을 외롭지 않게 기다린다.

아무도 없는 땅에 홀로 서 있는
친구의 굳센 미소 위에
사랑해요라고 쓴다

친구들과 떨어져 사는 동안 서로의 무표정 시간을 떠올린다. 작은 둔턱에도 걸리지 않길 바라며 나의 봄날, 생일이 있는 한 주 내내 그렇게 〈사랑이야〉와 〈사랑일기〉를 번갈아 들었다.

"사랑이야."

"사랑해요라고 쓴다."

"사랑이야."

"사랑해요라고 쓴다."

김현식이 부릅니다
〈여름밤의 꿈〉

사람은 어쩌면 조금 뱀파이어인 채로 살다가 가는 게 아닐까.

어느 밤, 단편 만화책을 읽은 후 한참을 멍하니 앉아 중얼거렸다. 마음이 바빠졌다. 책 한 권을 빠르게 읽고서 다시금 앞의 컷들을 들추며 읽고 또 읽었다. 작품 하나를 온전히 읽어낸 후에 생각이 많아지면 중얼거리게 된다. 하고 싶은 말. 하고 싶은 말. 책에는 적혀 있지 않았지만 이 책이, 이 책을 만든 이가 하고 싶었던 말. 그런 게 분명 있을 거라며, 그게 무엇인지를 기어코 알아내겠다며, 책 한 권을 사정없이 째려본다.

그 만화의 주인공은 두 명의 고등학생. 두 사람은 죽음을 주제로 영화를 제작하며 학교 밖에서 둘만의 일상을 쌓아간다. 그 둘에게 삶과 죽음의 의미가 서로 달랐다는 사실을 독자와 또 한 명의 주인공이 알아채면서 이야기는 속도를 낸다. 만화는 내게 질문을 던졌다. 현재 곁에 있는 사람이 언제 죽는지 모르는 것처럼, 이 사람이 언제부터 여기 존재했는지 또한 모르는 것 아니냐고. 그러니까 이 사람이 언제부터의 기억을 안고 살고 있는지 알 수 없는 것 아니냐고 말이다.

뱀파이어처럼 천년만년 살아온 사람이 현실에 있을 리 없겠지만, 저마다 마음 안에는 각기 다른 그리움이 있다. 그러므로 세상을 작별의 무덤으로 여기며 고유한 외로움을 안고 영원히 사는 뱀파이어의 마음을 인간 또한 조금씩은 알아가는 게 아닐까. 언젠가의 죽음을 앞두고도 살아가야 한다는 건 세상 모든 생명에게 공통으로 해당하는 진리지만, 지금을 살기 위해서는 미래의 내 죽음을 일상적으로 잊어야만 한다. '영원한' 뱀파이어가 아닌 '조금' 뱀파이어 상태라고 생각하면 죽음이 정해진 이런 생에 할 말이 없어진다.

책 어디에도 '사람은 모두 조금씩 뱀파이어로 살다 죽습니다' 하고 적혀 있지 않았지만, 다 읽고 덮은 책 위로 '조금 뱀파이어'라는 이상한 말만이 둥둥 떠다녔다. 내가 아는 지난 죽음들이 한데 모여든 날의 내 표정이 바뀔지도 모른다는 희망이 그렇게 생겼다.

나는 다시금 이전의 죽음들을 떠올렸다. 내가 알고 지내던, 죽어버린 한때의 뱀파이어들. 한 시절 같이 살아 있던, 지금은 먼저 죽어버린 나의 사람들을. 그들보다 나는 더 살고 있다. 생활하는 와중에 문득 그 얼굴들이 다가올 때면 얼룩진 얼굴이 되지 않도록 애를 써야 했는데, 죽은 사람보다 조금 더 뱀파이어일 뿐이라고 생각하니 마냥 슬프지 않았다.

뱀파이어는 산 자의 피를 빨아 먹고 산다. 조금 뱀파이어인 사람은 무엇으로 살까. 더는 만질 수 없는 사람, 나눌 수 없는 대화, 그리고 들을 수 없는 목소리를 재생시키며, 그리운 이를 생각하며 산다. 깊은 밤 누군가를 떠올리는 나처럼, 누군가가 떠올릴 나를 가늠해본다. 어떤 기억으로 남고 싶은지를 스스로에게 물어보면서.

88년도에 어느 여름밤을 노래한 김현식의 목소리를 들으면서도 나는 또 한 번 조금 뱀파이어가 된다. 세상에 없는 이의 목소리. 언젠가 영영 사라지는 걸 잠시 잊은 듯이 노래

하는 목소리. 어쩌면 다 알고 있다는 듯 천연한 목소리. 그 목소리를 노래 그대로 헤아리고 싶어서 몇 번이나 반복해서 듣고 또 듣는다. 아직 조금 뱀파이어인 내가 할 수 있는 일 중 하나다.

〈여름밤의 꿈〉이 세상에 나온 1988년만 해도 이 노래가 많고 많은 사람의 여름 창가를 이토록 오랜 시간 물들게 하리라고는 아무도 생각하지 못했을 것이다. 다시 아침이 밝아와도 잊히지 않도록 기억하겠다며 노래를 마치던 그는, 이만큼의 아침이 다시 밝은 오늘날에도 당신을 잊지 않고 사는 사람이 있다는 걸 믿을 수 있을까. 밤의 하늘은 여전히 조용하고, 지금도 많은 이가 여름밤에만 깃드는 무언가를 만끽하기 위해 잠을 설친다는 걸. 아직은 죽지 않았거나 새로 태어난 이들이 당신이 살던 여름을 그리워하며 듣고 있고, 데모 테이프 속에서 잠자던 노래 한 곡은 뱀파이어처럼 오늘날까지 덜 닫힌 여름 창문을 두드리고 있다고.

고등학생이던 윤상이 느끼던 80년대의 여름밤은 그보다 조금 더 산 어른인 김현식의 입을 통해 세상에 알려지게 된다. 노래를 만든 이와 들은 이 모두에게 여름밤이라는 자국이 꿈처럼 남았다. 사라질 뻔했던 여름밤의 멜로디는 그렇게 한여름을 맞이하는 내 방에서 다시 울려 퍼진다. 결국은 나 또한 완전한 뱀파이어가 되지 못한 채 언젠가 사라지겠지만, 이 곡은 언제까지라도 여름밤 창가의 배경이 될 거라고 나는 믿는다. 아무런 꿈을 믿는 것처럼. 행성 위에 살고 있다는 걸 잊고 달 모양에 매번 감동하는 것처럼. 노래 한 곡을 들으며 여전히 그를 그리는 것처럼.

차디찬 여름밤 공기는 한낮의 더위를 다 잊은 것 같다. 밤에 다다라 마법처럼 서늘한 바람이 팔을 스칠 때, 뒤를 돌아본다. 오래전 살았던 누군가가 찾아온 듯 주변을 살핀다. 여름에 스미는 서늘함이 공포물이 된 근원은 사실 그리움일지도 모르겠다.

김현식이 부른 〈여름밤의 꿈〉을 듣는 동안에는 죽은 이가 보고 싶다는 이유만으로 귀신의 존재를 믿는, 나의 애쓰는 마음이 자연스러워진다. 그리운 이가 있어서, 그 사람이 보고 싶어서, 나는 자주 집 안에 귀신이 있는 것 같다 말하며 살았다. 책을 펼쳐놓고 잠에 들었고, 슬리퍼도 반듯하게 벗어놓았다. 노래를 부른 후에 어떠냐고 혼잣말을 했고, 문틈 사이를 별안간 바라봤다.

뱀파이어와 귀신이라니. 깊은 밤을 좋아하는 것만 같지, 너무 다른 둘을 이렇게 내 일상에 나란히 두어도 괜찮을까. 책 한 권에, 노래 한 곡에 이런 망상을 더하는 버릇은 삶에 판타지가 너무 부족한 탓은 아닐까. 딱 한 꼬집의 판타지면 되는데 그게 없어서. 그래서 나는 현실의 일로 힘겨울 때 만화책을 펼치는가 보다. 오래전 노래를 꾸준히 내 방에서 되살리고 있나 보다.

이제는 없는 이의 노래를 방 안에 울려 퍼지게 하기. 다시 듣는 동시에 그의 목소리를 또 한 번 기억하는 시간은 이 생의 흐름에서 무엇을 의미할까. 더는 살지 못한 목소리가 내 안에서만큼은 다시 산다. 계속해서 오래전 노래를 찾아 듣는 이유일 것이다. 꾸는 줄도 모르고 꾸던 수많은 꿈이 이 노래 한 곡처럼 이루어지길 바라면서. 어느 고등학생이 만든 데모 테이프 속에서 깊은 잠을 잘 뻔한 곡을 세상에 내보인 목소리를 믿는 것처럼, 나는 사라진 이가 남긴 목소리에 기대를 건다. 죽고 싶다는 마음과는 가장 먼 표정이 된다.

아침이 아무리 새로이 밝아와도 김현식 당신의 목소리는 잊히지 않을 거라고 알려줄 수 있다면 좋을까. 반드시 좋을 것이다. 언젠가 죽는다는 사실을 잊으면 '조금 뱀파이어'가 될 수 없다. 사랑하던 이의 지나버린 죽음과 함께 언젠가의 내 죽음을 모르는 척하지 않기. 내가 사랑하던 사람보다 조금 더 뱀파이어일 수 있도록, 그를 이따금씩 떠올릴 것. 나는 나와 아이처럼 약속을 나눈다.

김광석이 부릅니다
〈나른한 오후〉

〈나른한 오후〉를 듣기 전에는 이 곡을 소개하느라 신난 김광석의 목소리를 들으며 슬그머니 웃는 시간이 필요하다.

라이브 앨범은 공연 객석에 없던 이들을 챙기는 참으로 친절한 들을 거리라서 되도록 현장감을 꾹꾹 눌러 담는다. 그때 거기에 있지 않았다면 몰랐을 소리를 언제까지라도 들을 수가 있다니. 더군다나 김광석의 라이브 앨범은 중간중간 멘트까지 '이야기 하나' '이야기 둘'이라는 제목으로 제대로 자리를 마련해주어 그런지 가만히 듣고 있다 보면 소극장에서 한자리 차지하고 있는 듯하다. 마치 스탠딩 쇼처럼 들리는 그 현장감은 현실감을 잊게 한다. 이제는 없는 이와 공간, 그리고 뿔뿔이 흩어진 사람들이 잠시나마 같이 모여 있던 그 순간이 앨범에 남아 있다.

그렇게 《노래이야기》 음반에서 공연 2부의 첫 곡을 소개

하는 트랙 〈이야기 하나〉를 먼저 듣는다. 〈나른한 오후〉라는 곡을 만들게 된 일화를 막힘없이 부드럽게 설명하는 김광석의 목소리를 들은 후 〈나른한 오후〉 라이브 음원으로 넘어가는 그 순간, 앨범 속 노래는 그저 다음 트랙으로 넘어가는 길만을 가진 게 아니라는 생각이 든다. 곡이 끝나고 시작하는 사이의 공백은 관객으로서 소리 없이 침을 삼키는 찰나가 되어 지난날을 돌이키는 범위를 얼마든지 넓혀준다. 옛사람들의 웃음소리에 덩달아 같이 웃고, 몇 번이나 들어 이미 아는 이야기인데도 마음씨 넓게 다시금 집중한다. 들리는 방향으로 내 몸 전부가 쏠리는 듯한 기분이다.

〈나른한 오후〉의 탄생 배경에는 김광석의 소중한 친구이자 후배인 노영심이 있다. 〈이야기 하나〉 트랙을 듣고 오면 좋겠다. 기왕이면 잠시 쉬는 오후에, 모처럼 나른한 기분이 드는 어떤 오후에, 아무것도 하지 않고 가만히 〈이야기 하나〉만 틀어두기를 권하고 싶다. 바닥에 냅다 누워서 열린 창문으로 하늘을 바라보고 들으면 완벽하다. 자전거를 타는 동안에도 그 시간이 따분해 한 손에 스마트폰을 들게 되는 요즘 세상을 사는 사람들에게 지루함이 가진 아름다운 면모

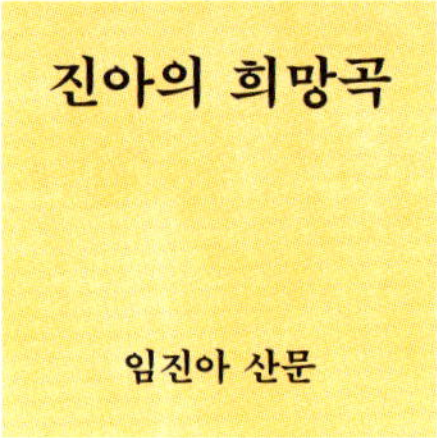

라디오에 신청곡을 보낸 적이 있으신가요? 이제는 터치 한 번으로 언제 어디서나 어렵지 않게 음악을 들을 수 있는 세상이지만, 가끔은 라디오에서 좋아하는 노래가 흘러나오기를 기다리던 시간이 그립기도 합니다.

『진아의 희망곡』은 글과 그림으로 고유한 세계를 펼쳐온 임진아 작가가 그 시절 1980~90년대에 흐르던 노래들에 귀 기울인 산문입니다. 흔한 빗소리도 노래처럼 소중히 간직하는 저자는, 누군가는 흘려들을지 모르는 노랫말에서 용기와 위로를 찾습니다. 슬픈 노래에서도 희망을 발견하고, 밝은 노래에서도 그늘진 뒷모습을 "알아보는 마음"은 자신의 삶을 사랑하는 마음에 다름 아니지요.

자칫 각자의 취향에 갇히기 쉬운 시대에 임진아 작가는 좋아하는 노래를 함께 나누며 서로의 세계를 조금씩 물들여가자고 말을 건넵니다. 어제와 비슷한 일상도 노래 한 곡으로 새롭게 기억하는 저자의 목소리가 독자님의 하루에도 화음처럼 스며들기를 바랍니다.

마음산책 드림

하는 트랙 〈이야기 하나〉를 먼저 듣는다. 〈나른한 오후〉라는 곡을 만들게 된 일화를 막힘없이 부드럽게 설명하는 김광석의 목소리를 들은 후 〈나른한 오후〉 라이브 음원으로 넘어가는 그 순간, 앨범 속 노래는 그저 다음 트랙으로 넘어가는 길만을 가진 게 아니라는 생각이 든다. 곡이 끝나고 시작하는 사이의 공백은 관객으로서 소리 없이 침을 삼키는 찰나가 되어 지난날을 돌이키는 범위를 얼마든지 넓혀준다. 옛사람들의 웃음소리에 덩달아 같이 웃고, 몇 번이나 들어 이미 아는 이야기인데도 마음씨 넓게 다시금 집중한다. 들리는 방향으로 내 몸 전부가 쏠리는 듯한 기분이다.

〈나른한 오후〉의 탄생 배경에는 김광석의 소중한 친구이자 후배인 노영심이 있다. 〈이야기 하나〉 트랙을 듣고 오면 좋겠다. 기왕이면 잠시 쉬는 오후에, 모처럼 나른한 기분이 드는 어떤 오후에, 아무것도 하지 않고 가만히 〈이야기 하나〉만 틀어두기를 권하고 싶다. 바닥에 냅다 누워서 열린 창문으로 하늘을 바라보고 들으면 완벽하다. 자전거를 타는 동안에도 그 시간이 따분해 한 손에 스마트폰을 들게 되는 요즘 세상을 사는 사람들에게 지루함이 가진 아름다운 면모를 일깨워주고 싶달까. 5분에 조금 못 미치는 독백은 계절과 상관없이 보게 되는 영화 같기도 하고, 녹음 버튼을 누르지 않아 아쉬운 옛 라디오방송 같기도 하고, 가방조차 없이 주머니에 손을 찌르고 돌아다니다가 들어간 소극장 공연 같기도 하다.

꼭 그런 분위기였던 《노영심의 작은 음악회》 '김광석 편'을 봐도 좋다. 공연장에서 이미 몇 번이나 말했던 〈나른한 오후〉 에피소드를 여기서도 짓궂게 떠들어대는 김광석의 표정은 여름방학을 보내는 꼬마처럼 무구하다. 〈나른한 오후〉 이야길 꺼내자마자 "그 얘기 좀 하지 마" 투덜대며 말리는 노영심의 모습은 또 어떻고.

그래서 〈나른한 오후〉의 배경이 무엇이냐 하면 그야말로 나른한 오후를 보내던 노영심의 입가에 파리가 앉으면서 시작된다. 손도 까딱하기 싫은 어느 낮, 파리 한 마리가 얼쩡거렸지만 후! 하고 입바람만 불자 파리는 그만 콧속으로 들어왔고, 퉤! 하고 입으로 파리를 뱉었다는 그 시절 웃긴 이야기. 지방 이곳저곳을 다니던 공연 쉬는 시간에 "재미난 얘기 해줄게" 하며 꺼냈을 파리 에피소드는 몇 번을 들어도 같은 웃음이 나온다.

심심한 공기를 실없이 채운 후배의 '나른한 오후'라는 일화를 건네받았던 그는 다시 홀로 된 시간에 덩그러니 앉아 자신만의 '나른한 오후' 장면들을 꺼내보았을 것이다. 나른한 오후의 고유함. 어릴 적에는 무료함 그 자체가 의인화된 듯이 온몸으로 느끼는 따분함이었을 테고, 어느새 다 커버린 다음에는 사람이 생각나 외롭기까지 했을, 또 어느 날에는 생각나는 사람 하나 없어 외롭다 느끼는 그런 나른함.

어디 아는 사람 없는지 돌아다니다가, 금세 싫증을 느끼며 집으로 돌아오던 그런 줄거리 없어 뵈는 오후. 그는 나른하다 나른해 참으로 나른하다 중얼거리며 무엇이 될지 모를 이 나른한 숨을 자신만의 호주머니에 부지런히 넣었을 테다.

오른쪽 입가에 파리가 앉았다는 후배의 나른한 오후 에피소드에 맑게 웃어버리고, 어느 날 나만의 나른한 오후를 그려보며 그 안에 파리 한 마리 들어 있지 않도록 만들어내는 과정. 이런 게 창작이 아닐까. 무심하게 그려진 착상은 곧 영감이고, 이 영감을 창작으로 비약하게끔 하는 건 파리 이야기의 파리가 되었다가 파리부터 없애보며 나의 도화지를 펼치는 일 아닐까. 얼마든지 주고 또 받으며 같은 이야기를 나누더라도 나의 자리로 돌아와 내 곳만의 하늘을 올려다보며 오늘을 시작하는 것. 잘 아는 단어를 나에게 낯설게 대입해보는 무구함을 갖춘 마음 말이다. 당연하게만 느껴지는 '나'와 '나의 하루'를 물끄러미 바라보기란 좀처럼 어렵지만, 기회는 얼마든지 있다. 창작은 나를 궁금해하는 마음에서 시작된다.

노랫말조차 나른하게 흐르며 시작하는 이 곡은 양가적인 마음이 들게 한다. 하늘이 곱다는 이유만으로 나갔다가 이내 귀가해서 내쉬는 한숨 같은 한마디. 밖에 나가서 좋지도 않고 나쁘지도 않았던, 그 마음조차 내가 느끼고 정해야 한다는 게 버겁게 느껴지기까지 하는 하루를, 우리도 산다. 세상 속에 이토록 혼자 돌아다니며 나를 먹이고 재우고, 혼자 걷는 길을 반갑게 여기다가도 혼자라는 이유로 불안해하기도 하는 나를 내가 알아보는 순간. 김광석은 그런 하루를 그저 나른한 하루라고 표현하며, 노래를 지어내는 바탕 하나를 질펀하게 펼쳐놓았다.

사람으로 웃다가 사람 때문에 울고, 비가 와서 좋았다가 어느새 마음이 축축해지고, 구름 한 점 없는 그림 같던 하늘 밑에서 몇 걸음 걷다가 지쳐버리는 게 인간이다. 그 모든 걸 다 겪는 내 마음을 온전히 감당해야 하는 어느 날을 그리는 〈나른한 오후〉를 듣다 보면, 이 멜로디와 노랫말에 웃어야 할지 울어야 할지 모르겠다. 오늘 어땠지? 내가 나에게 묻걸랑 잘 모르지만 슬펐지 하고 읊조리던 어느 날처럼. 단조롭다 할 수 있는 이 한 곡에 어찌할 바 모르겠는 건, 드문드문 곱다, 그리고 좋다, 하는 그의 무심한 표현이 심어져 있어서가 아닐까.

김광석은 자신이 만든 곡을 처지는 노래들이라 칭했다. 어디까지 처지나 두고 보기로 했다는, 그 마침표까지 애써 진하게 찍은 듯한 말투에는 묘한 단단함이 깃들어 있다. 그렇게 웃어 보이는 한숨은, 그 속에 스민 단단한 마음은, 그의 나날에 창작의 장판이 되었을 터다. 〈나른한 오후〉는 누구나의 축축한 마음과 이해하기 쉬운 은유를 담은 노래들을 만들고 선보이던 그가 평소에 지내던 작은 방 같은 곡이다. 누군가를 분명히 만나고 들어오던 그의 많고 많은 대표곡이

집으로 삼는 곡. 그를 품던 작은 방이 매일같이 그에게 전하는 힘이 있었다면 그걸 온전히 받아낸 듯이 〈나른한 오후〉 안에 그대로 담았다. 무엇이 되기 전 뒹굴뒹굴하는 마음. 아무나 다 느꼈을, 하지만 모두가 내일까지 짊어지고 가져가지는 않는 어제의 그늘. 그런 것들을 앞으로 걸어갈 길의 배경으로 삼으려 했다는 듯이.

그간 김광석의 음반을 소장하고 싶다는 생각을 미처 하지 못했다. 어째선지 그의 노래는 모든 시절의 내게 무겁게만 들려왔다. 나의 좁은 품으로 그의 노래 전부를 안을 수 없을 거라며 스스로 낮춘 탓도 있었고, 그런 괴로움은 벌써 지났다며 괜한 잘난 체를 부리기도 했다. 그런데 어느새 그의 노래는 빳빳하기만 했던 내 하루를 나른한 색채로 적신다. 그가 남긴 반쪽짜리 별은 내 자리를 비추고, 그가 남긴 또 다른 반쪽짜리 어둠은 지난 그늘들을 감각하게 한다.

그가 남긴 반쪽짜리 별과 반쪽짜리 어둠을 다시 처음의 마음으로 들어보려 한다. 그사이 나는 더는 속도를 내지 않는 그의 나이를 훌쩍 지났고, 다가가기만 한다면 나의 노래가 될 노래들이 아직 그득하다. 되도록이면 중고 테이프를 구해다가 내 방에서만 듣고 싶다. 아무리 해도 닿지 않겠지만, 그 시절을 살던 그에게 한자리를 주듯이.

김광석 노래 여정을 나와 함께하고자 하는 이가 있다면 〈나른한 오후〉로 시작하자 말하고 싶다. 그 전에는 역시나 〈이야기 하나〉 트랙을 들어야 한다며 손수 틀어주고 싶다. 나른한 오후의 조용한 방에서 시작되었을, 그 나직한 혼잣말같이 건네본다.

〈이야기 하나〉는 "2부 첫 곡으로 보내드리겠습니다" 하고 끝이 나며 자연스럽게 노래가 시작되는데, 노래가 흐르고 시간도 지나고 내 손도 그걸 따라 그대로 멍하게 있다 보면 어느새 다음 또 다음 트랙으로 넘어가버린다. 내 몸과 마음은 소극장에서 마음 맞는 모르는 이와 다닥다닥 붙어 앉아 경청 중인데, 다시 아무도 없는 내 방이 된다. 음악 스트리밍 앱은 무심히 다음 트랙이라는 표정으로 다 마시지도 못한 커피잔을 치워버리는 듯 차갑게 군다. 이보다 더 진한 외로움을 느끼는 나른한 오후도 없다.

권성연이 부릅니다
〈한여름 밤의 꿈〉

이미 오래전에 끝나버린 여름밤 무대들을 뒤적거리는 나는 미래에서 온 사람. 시간을 써서 화면 속으로 여름 피서를 온 미래의 사람이다. 반쯤 열어둔 창문으로 부는 바람도 꼭 옛것 같다.

쉬이 연결될 수 없던, 그렇기에 세상이 선사한 이벤트에 옹기종기 모일 수밖에 없던 밤. 80~90년대의 여름밤을 수놓았던 노래 경연 대회, 아날로그 시대의 마지막 여름 잔치는 대국민의 집중을 한 몸에 받았고 다음 날 아침을 뜨겁게 만들었다. 새 아침이 밝기 전까지 뭉실뭉실 피어오를 감탄은 오로지 혼자만의 뭉게구름. 조용히 광활한 밤하늘, 그 밤에 힘입어 고유하고 사적인 후기는 나의 문장이 되고, 다음 날 어딘가로 사람을 만나러 가기 전까지 나의 마음을 공유하고 누군가의 마음을 받을 수도 없다는 그 물리적인 거리감은 개인의 감정을 무르익게 했다. 다음 날 만난 이들과 그 마음을 기꺼이 나누며 실컷 토로하는 후기들은 분명하고 산뜻하게 만나 헤어지는 구름들 같지 않았을까. 휴대폰만 켜면 만날 리 없는, 사실 그리 잘 알지 못하는 이의 어느 감상을 읽게 되는 지금이 오히려 이상해진다. 단출하면서도 손 갈 곳이 많은 나의 책상을 잃어버린 것만 같다.

방금 본 무대에 대한 감상을 나눌 수 없어 외로워하기보다는 그 감정에 골몰하느라 마음 바쁘게 살았을 이들은, 드러내는 것도 사라지는 것도 급하기만 한 지금을 어떻게 바라볼까. 텔레비전 앞에 널브러져 앉아서는 멋대로 경연 대회 참가자를 심사하며 마음속 1위를 시원하게 털어놓고, 가족이나 친구, 연인과 서로 의견이 갈리기라도 하면 경쾌한 말다툼을 서슴지 않던 옛날 사람들. 방금 전의 선포를 무참히 무너뜨릴 대단한 무대를 만나면 잠을 설칠 각오마저 주저하지 않던 옛 마음의 소유자들 말이다. 지금도 무언가를 향유한 다음이면 모르는 이의 후기를 듣지 않고 자신의 목소리부터 귀 기울이려 할까. 밤의 시간을 써서 가만한 글자로 후기를 써 내려갈까. 마음속 1위를 어두운 천장에 고스란히 새긴 채 스르륵 잠에 들까. 아니면 이제는 빠른 세상 속에서 그냥 이 속도로 살까.

옛 노래 경연 대회 영상을 보며 더는 누리지 못하는 '공유할 수 없는 밤'을, 어느덧 초연결 사회에 사는 미래인의 마음으로 그리워하고 있다. 지금은 나의 후기를 틔우기도 전에 모르는 이의 생각을 봐버리다 보니 정보 없이 즐기기가 여간해선 어렵기도 하다. 실패가 두려워 타인의 생각을 먼저 읽어버리며 재밌는 필살기를 미리 써버리듯 살고 있지는 않나. 빠르게 다른 걸 보여주기 바쁜 세상은 한줄평에 공들일 여유를 주지 않는다. 그 속에서 뭉근하게 끓어오른 감탄은 언제나 너무 늦게 도착해 갈 곳 잃은 표정을 하고 있다.

그 표정을 찾기 위해서라도 자극적이고 단발적인 한마디들이 실시간으로 들썩거리지 않는 옛 경연 대회의 영상을 보며 홀로 노래 일지를 쓰는지도 모르겠다. 과거에 놓고 온 눅진한 마음가짐을 다시 끓어오르게 하고 싶어서. 단상이 머무를 겨를이 너무 없는 지금을 살면서, 얼핏 느꼈던 그 시간차를 오늘로 가져온다면 어떤 일이 일어나는지 한번 보려고.

상 하나 못 받았다는 게 믿어지지 않는 무대, 지금 봐도 대상을 받아 마땅한 무대, 꾸밈이 없는 이의 속 시원한 무대, 그런 옛 무대들을 몰아 보고 나면 딱 알맞게 외로워진다. 내일 아침이 밝으면 누구하고라도 좋으니 둘러앉아 오늘 본 것에 대해 떠들고 싶어진다. 가기 싫던 학교에 가고 싶고, 더 가기 싫던 회사에 출근해 가장 먼저 입을 열고 싶어진다. 그런 외로움을 느끼는 사람들은 블로그를 한다. 느린 한마디를 보태기 위해.

1990년 강변가요제에서 그 시절 여름밤의 공기를 몽땅 가져온 듯한 권성연의 무대는, 내 손에 꼽는 음악 경연 대회 영상 중 하나. 마침 생일 당일에 무대에 올랐고, 혼자 작곡 작사를 한 〈한여름 밤의 꿈〉을 열창해 대상을 받았다. 낮잠이 취미이며 쥐방울이라는 별명을 가졌다는 정보가 자막으로 흐르는 간주의 순간은 홀연히 나타났다 사라지는 아름다운 무언가처럼 힘이 풀리게 한다. 더불어 간주의 멜로디며, 그 멜로디만이 울려 퍼지는 90년도 비 오는 춘천의 야외 무대며, 방금 들은 노래를 마주한 표정을 솔직하게 지어 보이는 그 시절 사람들의 표정까지. 더운 날을 당연히 덥게만 보내던 옛 여름밤을 떠올리기에 완벽하다.

'낮잠' 그리고 '쥐방울' 두 단어가 화면 아래 흐르는 순간은 나를 어른의 몸 그대로인 채로 90년대 거실 풍경에 앉아버리게 한다. 취미 뒤에 붙은 '낮잠'과 별명 뒤에 붙은 '쥐방울'은 그런 묘한 노스탤지어를 불러일으킨다. 취미란에 낮잠을 써도 되나? 이런 것도 방송에 나가요? 미래에서 온 사람은 이런 것에 뭉클해한다. 안 될 게 뭐가 있어. 1990년의 여름 낮잠은 취미로 삼기에 제격 아니었겠냐고.

갑자기 여름 가요제가 새로 열린다면 참가하고 싶어지기까지 하다. 노래를 뽐내고 싶어서가 아니라, 그 빈칸을 새삼 채우고 싶어서다. 지금의 여름밤을 담은 텔레비전 화면에 '취미: 빵 고르기, 별명: 키키 언니'라는 자막을 흐르게 하고 싶다. 뭘 저런 걸 다 쓰느냐고 한 소리를 들을 것 같지만 내 간주의 자막은 내 멋대로 하고 싶다.

재즈 블루스풍의 곡 〈한여름 밤의 꿈〉은 떠나버린 이를 뭉게뭉게 그리며 다시금 오늘 밤에 기대를 거는 헛된 마음을 담아냈고, 오늘의 젊은이가 들어도 촉촉해지는 그리움이 넘실거린다. 그리울 무언가를 절로 찾게 만든다. 한 번을 어기지 않고 또 찾아온 여름이지만, 누구나 마음 안에는 그리운 여름의 공기가 존재한다. 권성연의 목소리는 때때로 아주 솔직한 속마음, 그래서 모두에게 숨기고 싶은 속마음처럼 남몰래 씩씩하다. 이건 완전히 영심이스러운 여름 아닌가.

권성연은 그런 당찬 목소리로 티브이 만화영화《영심이》주제가를 불렀다. 주제가 〈해봐〉와 영심이 테마 곡 〈알고 싶어요〉를 듣고서 다시 〈한여름 밤의 꿈〉을 들으면 어쨰선지 나의 지난 한여름이 펼쳐진다.

《영심이》주제가를 듣던 나는 한창 어린이였다. 그때 이 곡을 어른이 돼서도 듣고 싶어 했을까? 이 노래의 가사를 기꺼이 웃으며 부를 수 있던 당장을 만끽하느라 바쁘지 않았을까. 지금도 실수해도 좋다는 노랫말에는 마음을 놓아버리는데, 넌 아직 어른이 아니라는 구절에는 어른의 표정을 하게 된다. 하지만 괜찮다. 어른이 된 영심이는 이렇게 불러줄 테니까. "실수해도 좋아, 난 그런 어린이였으니까."

어린 사람만의 외로움과, 세상사 그 모두를 알 수 없어 캄캄하기만 하던 고독을 표현한 〈알고 싶어요〉는 내게 쓸쓸함이란 나이에 상관없이 불어오는 바람임을 가르쳐준 노래였다. 바람은 어디에서 불어오는지 궁금했던 표정은 분명 그 시절 어린 창가에 자리했다.

내가 옛것을 그리는 건 노래 제목처럼 한여름 밤의 꿈일까. 밤에 홀로 우려내는 감탄이, 여름밤에 힘입어 진득해지는 감상이 옛것이기만 할까. 옛 속도를 찾고자 하는 마음은 잘 아는 계절을 다시 촘촘히 누리고픈 마음과 다르지 않다. 옛 시절이 지닌 아름다움을 보려는 마음은 오늘 무얼 누리면 나중의 내게 좋을지를 알게 한다. 곧 만날 친구들과 나눌 이야기들을 보따리에 간직하듯이, 공유하기 위해 기억하는 순간은 내 감상을 소중히 여기는 마음이다.

권성연이 부른 〈한여름 밤의 꿈〉은 내게 그런 마음을 연습하게 한다. 밤에 읊조리는 나의 낮은 목소리를 오래오래 들으려는 연습을. 권성연은 그 여름에 남아 이제는 어른이 된, 가요제의 속도로 살아본 한때의 청춘들에게 계속 노래한다. 어느 여름밤이란 가버리는 게 아니라 홀연히 내게 오는 것이라고.

그렇게 〈한여름 밤의 꿈〉은 미래의 여름을 보내고 있는 이들에게 다 지나버린 여름방학을 가져다준다. 남몰래 뜨거

웠을 마음 또한 여름이었다 말해주듯이. 그리운 마음 느끼기 싫어도 듣는 순간 뭐라도 붙잡고는 그리울 대상을 찾게 되는 이 목소리를 과연 몇 살의 어른이 될 때까지 챙겨 들으려나. 여름은 아이가 어느덧 어른이 되는 계절이기도 하면서, 다 큰 어른은 잠시나마 아이였던 시절로 돌아가는 계절이다. 여름에만 느낄 수 있는 이런 계절의 조바꿈은 노래만이 선사하는 마법 같은 것.

〈한여름 밤의 꿈〉이 그토록 그립고 옛 여름처럼 멀게만 느껴지는 이유를 사실 알고 있다. 가져본 적 없어도 그리워할 수 있는 게 있다면, 구하기 어려운 옛 음반이 아닐까. 이 목소리를 담은 유일한 음반 한 장. 권성연의 1집을 번번이 그리워하며 살고 있다. 인터넷으로 검색해보니 부르는 게 값인 모양이지만, 아무리 철없는 어른으로 사는 나여도 비싼 돈을 주고 살 수는 없다. 나의 책과 일력이 불티나게 팔려서 갑자기 갖고 싶은 모든 음반을 살 수 있는 형편이 되더라도 그렇게는 사고 싶지 않다. '당장 손에 넣을 수 있죠. 단, 이만큼은 지불하셔야 해요'는 수집의 영역에서 가장 고민이 되는 조건이다. 돈은 돈대로 홀라당 사라지고, 어렵게 구했다면 기뻤을 웃음마저 일찍이 저버리는 조건. 내일 당장 손에는 잡히겠지만 재미가 없다. 물 안 줘도 괜찮은 화분이 저 혼자 열매를 주렁주렁 매단 듯, 내 것 같지 않은 기분. 음반 수집은 사실상 기행紀行의 영역이고, 여행의 순간보다 여행을 준비할 때 마음이 부풀어 오르듯이 찾아 헤맬 게 확실히 있을 때의 행복감이 단연 크다. 내게 소중한 걸 더욱 소중하게, 가요제의 속도로 되도록 느리고 어렵게.

음악 스트리밍 사이트에서 얼마든지 들을 수는 있지만 손으로 만질 수는 없는 노래라니. 이런 게 미래인가.

쉬는 날이면 다시 서울 명동의 회현 지하상가로 내려가 기웃거려본다. 음반 가게를 빠짐없이 들어가봐도 빽빽하게 꽂혀 있는 엘피를 하나하나 봐도 권성연 석 자는 여전히 찾기 힘들다. 괜히 물어봤다가 '그거 인기인가. 왜 찾지' 하며 가격을 올릴까 봐 겁이 나서 입도 잘 안 열며 다닌다. 소통은 즉 정보 제공이다.

안 되겠다 싶어서 음반 가게 사장님에게 결국 물어본 날, 입 밖으로 권성연이라는 이름을 발음한 건 처음이라 낯설었다. 누군가 앞에서 '이 사람이 좋아!' 하고 말한 적이 없다니. 이런 게 미래에서 온 사람이 겪는 어색함이로구나. 나의 쭈뼛거리는 질문을 받은 사장님은 여전히 과거에 사는 사람처럼 뒤도 돌아보지 않고 자연스럽게 답한다.

"권성연? 아 그 밴드 하던 언니?"

밴드를 했다는 정보까진 몰라서 휴대폰 화면으로 1991년 발매한 데뷔 음반《난 그랬던 것 같아요》를 보여드리며 대답을 대신했다. 사장님은 재킷 사진을 보더니 "맞아 맞아, 이 언니" 하며 말을 이었다.

"이게요. 잘 안 보여요."

없다고 싹뚝 말해버리지 않고, 안 보인다 하기. 중고 음반 세상 속 희망찬 언어였다. 보이지는 않지만 어딘가에는 있을 거라는 말 하나로 지하상가 속 그 누구도 허탈한 얼굴로 집에 가지 않는다. 없는 줄만 알았던 노래도 시간을 들여 알아보니 있었다는, 그래서 이내 웃어봤던 경험에서 나온 표현이 아닐까. 전무한 게 아니라 부재합니다. 그 음반 씨가 지금 어딜 여행 중인지 나는 모르지요. 일단 여긴 아직 안 왔습니다. 그렇게 들렸다. 결국 여기엔 없다는 말인데도 너무나 희망의 내음이 풍겨 와 그만 입꼬리가 올라갔다.

"처음에만 찍고 그 이후로는 안 냈나 봐요."

"글쎄, 그러니까요."

느리게 주고받는 음악 세상의 속도는 이어지고 있었다. 사고 싶던 다른 엘피를 발견해 계산하니 사탕 두 알을 손에 쥐여주신다. 다디단 이 여정을 나의 속도로 계속할 수만 있다면. 내가 모르는 나의 미래로 오늘의 뜨거움을 전할 수만 있다면. 그때도 '이런 게 미래구먼' 하며 오늘날의 지하상가 모험을 떠올리며 웃고 싶다. 이 모든 음악 기행을 돌아보며 "여름이었다" 말하고 싶다.

고은희 이정란이 부릅니다

〈빗소리〉

내겐 빗소리와 어울리는 노래를 찾는 마음이 있다. 비가 내리면 내리는 대로 그날을 좋았다 여기는 마음이. 그 마음은 빗소리와 더불어, 비에 더해지는 노래들에게서 불어온다. 비가 추적추적 내리는 창가에 앉아 비 내리는 날 듣고 싶은 노래들을 습관처럼 떠올리는 동시에, 한 인간 앞에 반복되며 펼쳐지는 장면들이 거대한 인생을 굴리고 있다는 걸 알아챘다. 빗소리가 들리기 시작할 때 듣고 싶은 노래 목록을 그때그때 바꿔가며 흘러가는 생. 이런 생이라면 그래도 사는 맛이 있다고 여길 수 있지 않을까.

비 내리는 날이면 찾아 듣는 곡의 목록은 마음만 먹으면 누구나 만들 수 있다. 비 오는 날엔 유독 노래가 선명하게 들린다. 빗소리만을 허용한 자체 노이즈캔슬링. 이런 찬스를 놓치고 싶지 않아 빗길마다 노래를 골라 듣는다. 통기타를 뚱땅거리던 이십대에 〈비 노래〉라는 비의 찬가를 만들어 부를 정도였으니. "아아, 비 오는 날에 외출하기 싫지 않아." 노랫말은 빗소리와 함께 중얼거리는 혼잣말로 남았다. 흩어져 있던 노래들을 '비 내리는 날 듣기 좋은 플레이리스트'로 한데 모아보면 한 시간 분량을 채우는 건 일도 아닐 것이다.

다시 여름을 맞이하고 어김없이 장마가 찾아오면 고은희, 이정란 두 사람이 부르는 〈빗소리〉를 듣지 않을 수가 없다. 비가 주르륵 내리고 주르륵 흐르는 장면을 이처럼 생생하게 그려낸 노래가 또 있을까 싶다. 또 있겠지만 심지어 많겠지만 내 마음에는 이 곡이 유독 잘 흐른다. 빗소리는 나를 기억할 거라는 노랫말을 듣고 있자면, 비 내리는 창가에 화자의 표정이 고스란히 비치는 듯하다.

비가 마구 내리는 날이면 이 노래가 듣고 싶어서 틀어놓고는 비 쏟아지는 소리에 숨어서 〈빗소리〉를 열창한다. 나의 슬픔이 모두 내리고 있다고 외치듯이 부르는 노랫말을 나 또한 같이 외칠 때의 기분이 좋다. 아무도 듣지 않길 바라는 이어지는 노랫말까지도 내 마음 같다. 모처럼 내 방에 앉아 가락을 따라 주장한다는 게 아무도 듣지 말라는 말이라니. 아무리 크게 불러도 비 내리는 볼륨이 언제나 더 커서 내 노래를 듣는 이가 아무도 없는 것만 같다. 빗소리를 그저 흘러가는 소리가 아닌 나와 잠시 지내다 가는 대상으로 여긴 이 노래처럼, 비가 내리는 순간에는 그 누구도 아닌 빗소리가 내 하루의 주인공이 되어준다.

각자의 영역에서 그 어떤 방해도 받지 않겠다는 듯 열창하는 고은희, 이정란 둘의 화음에 대충 내 목소리를 끼워 넣다 보면 내 이름도 덩달아 두 이름 옆에 붙은 것만 같다.

고은희, 이정란 두 사람은 '뚜라미'라는 팀으로 1984년 대학가요제 무대에 올랐다. 그 무대에서 처음 선보인 〈그대와의 노래〉는 음악을 사랑하는 사람들에게 더 좋은 음악을 찾자고 노래하는 곡이다. 노랫말 속에서 영영 기다리고자 하는 대상은 그 무엇도 아닌 '좋은 음악'.

내게 더 좋을 노래를 기다리는 마음을 외치는 〈그대와의 노래〉를 처음 듣던 날, 뚜라미 두 사람에게 동그라미 표시를 받는 듯한 기분이 들었다. 노래를 찾아 듣는 이를 위한 노래가 다 있다니. 오랜 시간 홀로 노래 일지를 써온 시간에 알맞은 미소를 선사받는 듯했다. 나 좋을 무언가를 하염없이 찾아 헤매는 놀이를 긍정하는 미소를. 그런 게 생에 하나쯤 있어서 얼마나 좋으냐고.

비가 내리는 날 듣기 좋은 노래를 찾는 마음은 그렇게 자라났다. 그 목록의 맨 앞에는 두 사람이 부른 〈빗소리〉가 있다. 온종일 내리는 비를 바라보면서 여러 생각에 잠긴다. 〈빗소리〉 한 곡만으로 목이 다 쉰다. 창밖 빗소리와 〈빗소리〉라는 노래에 힘입어 비의 추억이 따라붙는다. 그간의 빗소리에 담긴 나의 비 이야기를 다시 내게 꺼내 보일 차례다.

어린 시절부터 비가 내리면 창가 가까이 앉았다. 그 집들의 층수는 매번 달랐다. 아직 초등학교에 들어가기 전, 베란다에 앉아 창밖을 바라보고 있자면 내 심장이 마치 투명한 비닐 같았다. 베란다에 등나무 소파를 두고자 했던 엄마 덕분에 작은 몸으로도 창에 기대앉을 수가 있었다. 뛰어내릴 일이 생기면 뛰어내릴 수도 있던 1층 집에선 빗소리가 잘 들리다 못해 잘 보이는 듯했다. 비를 흠뻑 맞고 있는 화단을 바라보면 주차장에서 쉬고 있는 자동차들, 그 뒤에 핀 꽃들, 생을 막 마감한 곤충들을 나의 작은 손으로 묻어준 자리에 아이스크림 막대기로 꽂아둔 가느다란 묘표, 그 위로 토독 토독 떨어지는 빗방울, 건너편 집에도 똑같이 내리는 빗줄기가 보였다. 비 내리는 날은 시계를 볼 필요도 없이 하루가 잘도 갔다.

학생 시절에는 주로 다세대주택 반지하 층에 살았기 때문에 빗소리라 하면 대개 땅에 떨어지는 빗방울 소리였다. 내리는 비와의 물리적인 거리처럼 빗소리 또한 멀지 않고 가까웠다. 반지하에서도 2층 침대 중 1층이 나의 영역이었고, 침대 위층에 다 가려진 창문만이 내게 주어졌다. 한 뼘 정도의 너비였지만 그것도 내겐 창문이었다. 어느 날, 침대에 누워 있는데 별안간 소나기가 쏟아졌다. 비가 '내리는' 소리가 아닌 '떨어지는' 소리로 비 소식을 접하는 건 그다지 상쾌한 일이 아니다. 집 안의 컨디션이 곧장 바뀌므로. 하지만 우리 집이 반지하인 건 내 소관이 아니며 아무 일도 아니란 듯이 지내야만 거기에서 일상적인 무표정을 지으며 살 수가 있었다.

내 신경들이 앞다퉈 감각하고 싶어 한 건 모처럼의 소리였다. 거센 비가 쏟아지자마자 위, 옆, 앞의 많기도 많은 집이 하나둘 서둘러 창문을 닫았다. 어떤 빗소리는 창문을 빠르게 닫는 소리이기도 했다. 빌라촌의 빗소리는 이렇게 가까이에 사람이 살고 있다는 걸 성큼 느껴지게 했다. 그 소리는 어두운 방 안에서 좋아하는 책을 아껴 넘기고 음악을 골라 듣던 청소년 시기의 마음에 어째선지 진하게 새겨졌다. 만약 어느 영화에서 갑작스레 비가 오는 장면을 찍는다면 가장 필요했을 효과음이었다. 근사한 강냉이의 맛을 어떻게 설명해도 결국 강냉이일 뿐이듯 어떻게 말을 해도 별거 아닌 소리지만, 나에겐 다시 듣고 싶어도 들을 수 없는 소리로 기억된다. 그 이후로 비만 내리기 시작하면 창문 소리를 들으려 온 신경을 기울였지만 비슷한 소리를 듣진 못했다. 처음의 감각이란 이토록 나한테만 고귀한 채로 남는다. 그날의 빗소리는 아마도 우리의 풍경을 기억하겠지.

비를 내다본 기억도 많지만 비를 맞던 추억 또한 많다. 나는 비만 쏟아지면 일단 밖으로 나가 온몸으로 비를 맞으며 자전거를 타던 어린이였다. 우산 대신 자전거를 끌고 나가 슈퍼 앞에서 친구를 부르면 슈퍼집 친구도 기다렸다는 듯이 자전거를 끌고 나왔다. 비를 맞으며 언덕까지 걸어 올라가 자전거를 타고 내려오는 놀이를 지칠 때까지 했다. 비를 온몸으로 맞으며 와하하하 웃으면서 자전거를 타고 내려왔다가 다시 끌고 언덕을 오르기를 몇 번이나 반복했다. 이제 다 됐다 싶을 때까지. 자전거를 타며 빗방울을 느끼는 감각은 잊히지 않을 것이다.

집에 돌아와서 문을 열자마자 "진짜 재밌었다!" 외치며 물을 뚝뚝 흘리면서 웃고 있으면 엄마는 현관부터 화장실까지 수건을 깔아주셨다. 비를 쫄딱 맞은 자가 걸을 수 있는 길이 거실을 따라 화장실까지 생겨나면 텔레비전에서 본 모델처럼 수건 길을 멋지게 걸어 화장실로 들어갔다. 따라온 엄마 쪽으로 몸을 돌려 만세를 외치면 무겁게 젖은 티셔츠가 단숨에 벗겨졌다.

비가 오면 자전거를 타러 나가는 어린이였다고 담백하게 말해버리기는 좀 아쉽다. 그럴 수 있도록 너그럽고 다정한 분위기가 비 오는 날 나의 하루에 스며 있었다. 비가 오면 자전거를 타러 나가는 나를 그 누구도 말리지 않았던 집 안의 표정은 비가 내리는 날의 그림을 미리 예상해주는 듯했다. 그런 아이는 자전거를 타다가 갑작스러운 비를 맞아도 비가 그치기를 기다리지 않고 그냥 달리는 어른으로 자랐다.

비가 내리면 우선 비 오는 날 듣고 싶은 곡을 떠올리고, 비가 너무 오면 키키의 산책이 걱정되고, 비가 며칠 내내 쏟아져 침수 피해 뉴스를 보면 지금은 허물어진 내 생 마지막 반지하가 생각난다. 아빠가 평생 모은 엘피들이 한순간에 물에 떠내려간 집이었다.

유난히 폭우가 심한 해였다. 서울 양천구의 반지하에서 한여름을 보내던 우리 집은 동네의 비슷한 빌라들과 마찬가지로 물에 잠겼다. 상습 침수 지역이면서도 여름을 앞두고 아무런 대책 하나 없었다. 순식간에 물이 역류했고, 좁은 집 안 모든 것이 둥둥 떠다녔다. 처음에는 엄마와 둘이서 웃으며 물을 펐지만 삽시간에 손을 쓸 수 없는 상황에 직면했다. 물가에서 놀다가 찰나의 거센 물살에 휩쓸려 죽을 뻔했던 철렁함을 떠올리며 물이 완전히 들어찬 방바닥에 주저앉아버렸다. 무심히 내리는 비를 고스란히 맞으며 여기저기로 모래주머니를 찾으러 뛰어다녀보았지만 헛수고였다. 모래주머니가 필요한 집은 우리만이 아니었고, 그런 게 부족하지 않게 구비되어 있을 리 없었다. 피해를 입은 주민들과 동사무소 직원의 집에 모여 이곳만이 무사하다는 사실을 멍하니 부러워하며 반나절을 보냈고, 집이 마르기까지 근처 모텔에서 며칠을 지냈다. 같이 살던 개 사랑이를 몰래 수건에 둘둘 말아 숨겨야 했고, 사랑이는 한 번도 소리를 내지 않았다.

장판이 벗겨진 반지하 집은 더 이상 바닥이 없다는 듯 표정을 숨기지 않는 얼굴 같았다. 바닥이 다 말라 새 장판을 까는 날 알았다. 이렇게 됐는데도 계속 여기서 살아야 하는구나. 집 밖의 하늘은 쨍쨍하기만 했다. 현관 밖에는 아빠가 한평생 모았던 엘피들이 서로에 의지하며 포개져서는 그 볕을 묵묵히 받고 있었다. 쓸모없이 바짝 말라가는 엘피판들 앞에서 아빠는 몇 대째인지 모를 담배를 하염없이 피웠다.

젊은 시절 다방 디제이로 일했던 아빠가 한 장 한 장 소중히 모은 엘피들은 그렇게 집을 떠났다. 아빠가 디제이를 보는 시간대에는 반응이 좋았다고, 어떤 곡을 신청받았고 어떤 곡을 즐겨 틀었다고, 음악은 안 듣고 자꾸 추파를 던지러 오는 손님의 신청곡은 짜증이 나서 틀지 않았다고, 그런 이야기를 듣던 기억도 흐릿해진 지 오래였다. 디제이를 관두며 몰래 챙겨온 것도 많아서 재킷 구석에 볼펜으로 다방 이름이 적힌 엘피도 있었다. 기억처럼 글씨도 흐릿해졌지만 꾹 눌러 쓴 자국만은 남은 채였다. 집이 이렇게 되기 전에는 유리문이 달린 커다란 전축과 근사한 엘피 장이 한편을 차지했었다. “오늘은 이 노래를 들어볼까?” 큰 소리로 떠들며 아빠가 모은 노래들을 가지고 놀아도 아빠는 아무 말도 하지 않았다. 집이 점점 작아지고 점점 낮은 층으로 옮길 때마다 아빠의 엘피들도 조금씩 줄어들었을 것이다.

마지막의 마지막까지 간직해온 자신의 지난 이야기가 한 순간에 속절없이 젖은 모습으로 작별을 고하고 있다. 그 인사를 오랫동안 나누는 것처럼 보였다. 아빠는 가족 누구에게도 아무 말을 하지 않고 자기 손으로 그 엘피판을 모두 버렸다. 아빠가 엘피를 버리던 그 햇살 따사로운 여름을 떠올리면 강인원이 쓰고 부른 〈그대는 인형처럼 웃고 있지만〉의 한 대목이 생각난다.

햇살이 쏟아지던 날
내 청춘 햇살 받던 날
나는 아예 포기했어요
내겐 소용없어요
정말 소용없어요

그래서일까. 어린 시절부터 지금까지 시디와 테이프를 모으고는 있지만, 엘피에서는 왠지 발을 뺐다. 엘피 수집을 시작하면 아빠의 젖은 엘피들을 나까지 아쉬워하게 될지 모르니. 무언가를 좋아했다는 이유로 속이 터져 문드러지는 슬픔을 대물림할 필요가 있을까. 짝다리 자세를 하고서 망연자실한 아빠의 뒷모습을 나 역시 하염없이 바라보며 마음속으로 마구 울어댔다. 괜찮냐고 물어볼 수도 없는 뒷모습이었다.

하지만 비 오는 날을 여전히 그저 비가 오는 날로 여기는 마음처럼, 어느 노래는 엘피판으로 갖고 싶은 마음이 든다. 그건 그냥 그 마음인 것뿐이다. 아빠의 한 시절에 딱 맞춰 나온 노래들처럼, 내 생에도 그런 노래들이 있다. 어느덧 아빠가 갖고 있었을 법한 엘피들 또한 내 삶에 들였다. 젖어버린 엘피들이 당연히 아깝고 생각이 나지만, 재발매가 아닌 초판이었을 텐데 하며 눈을 질끈 감게 되지만, 그런 아쉬움은 빗소리에 쉬이 흩어진다.

흔한 빗줄기도, 작은 글씨 자국마저도, 보고 싶은 것들을 야심 차게 찾아내며 오늘까지 왔다. 그런 한 인간인데, 어찌 삶을 슬프게만 볼 수 있을까. 비를 보며 흘려보낼 시간들은 보내고, 잊고 있던 기억은 잠시나마 가까이 그린다. 빗소리가 들리면 나의 슬픔, 웃음 모두가 선명해진다. 다시 내리는 비의 길을 따라온 이야기들은 맑은 날이면 바짝 말라 곧 바로 사라진다. 내가 들은 빗소리는 모든 걸 간직하면서 나라는 생을 지난다.

빗소리를 따라 듣고 싶은 노래를 떠올리는 창가, 지난 이야기를 꺼내 보이고 싶은 빗소리. 모두에게 그런 비만 내렸으면 좋겠다.

더 클래식이 부릅니다 〈노는 게 남는 거야〉

사람들이 많이 모인다고 하니 예의를 차려야 한다며 성실하게 갈칫빛 양복을 입고 무대에 오른 산울림. 과연 딴짓하지 않고 일에만 몰두하던 주 6일제 시대를 반영한다. 퇴근하자마자 무대에 오른 듯이 양복을 빼입고 노래를 부른 건 산울림만이 아니다. 더 클래식도 만만치 않게 성실한 면모를 무대에서 뽐냈다.

산울림이 가족 행사에 차려입고 온 작은아빠와 그 친구들 같다면, 더 클래식의 김광진은 밥 먹을 시간도 없이 무대로 뛰어올라 온 진짜 회사원 같아 보인달까. 그런데 이제 어른이 돼서도 '자율학습'이나 '마지막 교복' '얄미운 선생님' 같은 표현을 아직까지 떠올리는, 양복 속에 꼬마의 마음을 몰래 간직한 회사원. 실제로 〈마법의 성〉으로 활동하던 당시에 평일에는 회사로 출퇴근을 하고 주말에야 무대에 올랐다고 한다.

매일 비슷한 업무, 어제와 같은 출퇴근길, 안면 근육의 움직임까지도 고만고만한 나날을 살면서도 버스에서 듣는 노래 한 곡, 너에게서 도착한 메시지 한 줄, 부모님이 제때 해준 격려, 차창 멀리 번지는 불빛, 잠시 쉬면서 하는 게임, 응원하는 스포츠 팀의 최근 성적, 어렴풋이 떠오르는 어릴 적 기운 같은 것들을 일상 속에서 자유롭게 펼쳐 보이는 어느 성실한 회사원이 짓고 부른 노래들. 꼭 하늘을 날아야만 자유로움을 느끼는 건 아니듯이, 나의 세상에 함께하고 싶은 순간들을 펼쳐 보이는 것만으로 내 몫의 자유로움을 누릴 수가 있다. 더 클래식의 노래들은 짬이 나는 대로 성실히 모은 조각들을 얼마나 소중히 대해왔는지를 보여준다.

더 클래식 노래를 들으면 주변 건물 층수가 낮아지면서 하늘이 가까워진다. 그만큼 마음에 꾸밈이 없던 시절의 하늘로 단번에 바꿔버리는 힘이 있다. 어려운 마음에 대해 어렵게 쓴 글이 아니라 그럴까. 오늘 겪은 풍경을 고스란히 쓴 일기장이 그대로 노랫말이 된 듯 무구한 나다움이 투명하게 비친다.

옛 한국 가요들을 모은 첫 플레이리스트에 이름을 지어 주고 싶어 고민하다가 '둘리가 살던 하늘'이라 지었다. 그냥 하늘도 아니고 둘리가 살았던 그 시절의 하늘이라 이름을 붙인 데에는 더 클래식의 힘이 컸다. 옛 노래들이라고 하기에는 지금도 많은 이에게 가닿는 노래들이기도 하고, 자라나며 곁에 둔 노래들이기도 하고, 또 어떤 곡은 지나서야 찾아온 노래이기도 하다. 그런 곡들을 어느 고무줄로 한데 묶을까 하는 고민을 둘리가 쉽게 해결해주었다.

이 노래들은 여전히 《아기 공룡 둘리》를 챙겨 보는 마음, 기왕이면 맑은 연두색 둘리보다 진한 녹색인 예전 둘리를 챙겨 보는 마음과 닮아 있다. 회차마다 다른 제작사에서 만든 둘리는 그림체가 다 다르지만 이야기에 딱 맞는 모습을 하고 있고 저마다 친숙하다. 같지만 다른 집에서 돌아다니는, 다른 그림체의 둘리와 그 친구들. 그래서 둘리가 살던 하늘은 나의 모든 하늘을 뜻하기도 한다. 서울 도봉구의 한 단층집에 살던 둘리랑 친구인 듯이 만화적인 힘을 써서 둘리네 하늘을 훌랑 가져오는 것이다.

'둘리가 살던 하늘' 플레이리스트 첫 곡 자리는 〈노는 게 남는 거야〉 차지다. 자자장 자자장 하고 시작하는 경쾌한 인트로만 들어도 꼭 둘리가 살던 하늘로 내 뒷배경이 바뀌는 것만 같다.

나 어릴 때 우울해지면
울 아버지 슬며시 내게 오셔
내 어깨를 두드리면서 해주시던 말씀이 있지
항상 실망할 필요는 없어
너무 많은 꿈들이 네 앞에 있는 것
중요한 그날이 올 걸 기다리며 마음을 편하게 가져
노는 게 남는 거야
어렸을 땐 뛰어놀아라 튼튼해지도록
젊었을 땐 나가 놀아라 신나게

둘리가 내게 준 교훈이 있다면 이 노랫말이 아닐까. 둘리 속 모든 캐릭터에게는 저마다 사연이 있다. 고길동 박정자 부부, 그들의 조카 희동이와 서커스단에서 도망친 또치, 타임 코스모스가 고장 나 집에 돌아가지 못하는 도우너, 엄마와 살던 얼음 동산을 그리워하는 둘리까지. 하지만 한 지붕 안에서 뛰어놀 수 있는 한때를 힘껏 밝게 이야기한다. 그래도 일단 오늘 즐겁자고.

그리움 담뿍 담긴 둘리의 아르페지오는 그렇기에 귀엽고도 슬피 들린다. 내 어린 시절의 고통과 기쁨, 희열과 비애의 비율을 나눠볼 필요도 없이 되살아나는 사건들로 온몸이 금방 딱딱해지지만, 내가 애써 간직한 건 그런 것들이 아니다. 엄마와 아빠 그리고 오빠, 할머니 할아버지와의 자잘한 대화만큼은 희동이가 기저귀 속에 몰래 숨긴 다이아몬드처럼 나만 만지작거릴 수 있게 간직했다.

내게 중학교 시절은 완전히 입을 다물게 된 나이이기도 하지만, 좋아하는 게 생기기 시작한 나이이기도 하다. 〈노는 게 남는 거야〉 속 아빠는 아들에게 '노는 게 남는 거야. 마음 편하게 가져'라고 한다. 그 시절 나의 아빠는 내게 이렇게 말했다.

"이제 중학생이니 팬클럽에 가입하는 게 어떠니."

다 쓰러진 집을 홀로 일으키고 있던 엄마는 기도 안 찼겠지만, 학교에 가서 친구들만 만나면 기가 살아나는 내게는 반갑기만 한 얘기였다. 생계에는 전혀 뛰어들지 않으면서도 꼬마 시절과 청춘의 마음을 몰래 간직한 아빠였다. 아빠의 말은 집 분위기에 잠잠하게만 자라던 나를 이따금씩 발랑까지게 했다.

나의 엄마는 돈이 없어도 배가 고프게 내버려두지 않던 사람, 나의 아빠는 듣고 부르고 춤추며 노는 걸 응원한 사람. 그렇게 자라서 아무리 슬퍼도 웬만해선 밥을 굶지 않고, 무기력할 땐 더욱이 노래를 듣는다. 입맛이 없을 때 무얼 먹어야 괜찮아지는지를 알고, 울고 싶을 때 어느 노래에 기대 앉아야 할지 아는 어른이 된 데에는 그 두 사람의 몫이 분명하다는 걸 인정하고 싶다.

엄마는 내가 울 때면 잔치국수를 해줬다. 울던 목으로 넘기기 가장 쉬운 음식이라고 말하면서, 계란을 부드럽게 풀어 적당히 식힌 잔치국수를 내 앞에 놓아주었다. 며칠 그늘이 지면 엄마는 잔치국수와 비빔국수 둘 다 해줬고, 밤이면 다른 가족 몰래 오렌지를 잘라다가 그릇에 소복하게 담아 건네주었다. 한입 크기로 썬 오렌지는 껍질이 달랑달랑 달려 있었다. 끝만 남기고 칼로 미리 껍질을 벗겨준 것이었다. 엄마는 지금도 다 큰 딸 집에 오면서 딸네 음식물 쓰레기통까지 걱정이라 새우 껍질이며 수박 껍질이며 전부 발라서 온다. 아무리 없이 살아도 기가 죽었던 기억이 적은 건 국수

두 그릇과 미리 손질한 오렌지 껍질 같은 것들 덕분이다.

아빠는 내가 우는 걸 싫어했고 울기만 하면 더 화를 냈다. 그 화는 대체로 자기 자신 때문에 난 화였지만 화를 받는 건 온전히 가족들 몫이었다. 아빠가 화났을 땐 웃음소리조차 낼 수 없어서 오빠와 나는 늘 입을 막은 채 놀았고, 오빠는 그런 순간을 웃음 참기 놀이로 승화시켜 나를 웃겨주었다. 다음 날이면 아빠는 술에 취해 집에 들어와서는 호프집 휴지로 곱게 싼 마른오징어를 선물이라고 쥐여주었다. 하도 얇아서 세 장이나 뽑아도 코를 풀면 손에 다 묻는 그 휴지에 야무지게 꿍쳐 온 오징어였다. "임진아, 선물" 하고 내민 휴지에는 먹기 싫게 생긴 다 비틀어진 마음이 아무도 못 가져가게 포장되어 있었다. 가난의 구름은 한참을 떠날 생각 없다는 듯 내 위를 떠다녔지만, 그렇다 해서 손끝에 닿는 여린 뜰을 못 느끼는 건 아니었다.

〈노는 게 남는 거야〉를 들으며 나를 튼튼하게 한 것들을 내가 만지작거리며 내 손으로 챙겼다는 걸 안다. 노래 속 가사처럼 나에게만 들리게 건넸던 두 사람의 말들을 내 몫으로 챙겼다는 걸 안다.

이제야 뒤늦게 너무 많은 꿈이 생긴 내게 그 말들을 가져온다. "울지 마, 예쁜 얼굴 얼룩져" 같은, "임진아, 선물" 같은 말들. 서로 상처가 된 말들만 휘몰아치는 날도 물론 있었다. 떨어져 사는 지금에야 비로소 마음을 놓고 튼튼해지고 있다는 것도 안다. 그렇다고 해서 지나간 다정한 말풍선까지 터지는 건 아니다. 사랑한다, 미안하다, 잘못했다, 다신 안 그럴게. 그런 표현을 제때 하고 넘어가던, 같이 힘들고 같이 울고 웃던 그런 거침없던 가족이었다고 기억하는 게 우리 가족에게 남는 거라고.

어른이 되면 둘리보다 고길동이 좋아진다는데, 나는 여전히 둘리가 더 좋다. 엄마와 떨어져 살아도 나만의 약속을 잡으며 가까운 주변을 환하게 하는 둘리가, 깊은 그리움을 서슴지 않고 꺼내 보이는 둘리가, 희동이가 쥐고 있는 걸 뺏는 게 아니라 "이리 좀 보자, 같이 보자" 하며 다정하게 손 내밀 줄 아는 둘리가, 길 잃은 이들과 친구 먹는 둘리가 그때나 지금이나 나보다 어른 같다.

김현철이 부릅니다
〈까만 치마를 입고〉

길지도 않은 노랫말 한 구절을 다 듣기까지 대략 20초 넘게 걸린다. 노래가 고조될수록 같은 가사의 길이는 마음껏 길어진다. 5초면 말할 수 있는 문장에 20초가 넘는 시간을 들여 온 마음 다한다. 김현철의 수많은 명곡 중 〈까만 치마를 입고〉를 좋아하는 이유다. 한번 따라 부르기라도 하면 근래에 느끼지 못한 절절함이 내 안에서 일어나 조금 놀라 버릴 것이다.

진하게 무르익는 부분이 분명해서 몇 번이나 반복해서 듣다 보니 감정 연기라도 연습한 듯이 숨이 찬다. 노래를 향유하는 일에 대해 멀리 떨어져서 생각해본다. 음악 세상 속에서 나는 듣기만 하는 청자일 뿐. 이 사실은 나에게 얼마나 좋은지. 의자에 등을 편히 기대앉은 것처럼 비스듬한 마음의 자세는 귀 기울일 여지를 준다. 가벼이 던진 짧은 감상평 "좋은데?" 한마디로 곧 하나와의 사랑이 쏟아진다.

그렇게 시작한 사랑은 한 곡만 반복 듣기로 이어지고, 듣고 또 듣던 노래는 잘 불러보고 싶은 노래가 된다. 이제 막 친해진 친구의 집에 초대받듯이 노래하는 이의 마음이 담긴 노래 속에 방문하고 싶은 날이 찾아온다. 그렇게 곡이 풍기는 기분을 흉내 내보면 노래 부르는 나를 통해 노래를 새롭게 듣게 되는데, 이건 나만의 노래 감상법 중 하나다. 가수처럼 감정을 마음껏 피우며 노래 부르기. 어느새 노래가 내 감정에 달려와 붙는다. 곡 속의 상황을 똑같이 겪기는 힘들어도 그 감정을 잠시나마 직면한 듯한 착각이 일어난다.

어느 날 〈까만 치마를 입고〉를 듣다가 노랫말처럼 바보같이, 우두커니, 서버린, 기분이 들었다. 다 큰 줄 아는 어린 어른의 싱그러운 축축함. 어른스러운 풋풋함. 설익어서 완성된 사랑 노래는 부르지 않고서는 넘어갈 수 없었다. "라릴롱, 다릴롱"거리는 부분도 더 이상 웃기지 않고 절절하게만 다가왔다. 어떤 간절함은 재즈풍으로밖에 울 수 없는 감정이라는 걸 이 곡을 들을 때마다 느낀다. 잘 부르기 위해

밤이면 밤마다 연습을 하고서 드디어 동네 노래 연습장에서 불러봤을 때 처절하게 깨달았다. 절절한 감정이 느껴지는 곡이라고 해서 모든 감정을 쏟아내면 꼴 보기가 싫다는 것을. 정확히는 영상으로 찍은 후 집에 와서 모니터링을 하다가 알았는데, 전달하기 위한 감정은 세세한 계산과 조절이 필요하다는 사실을 뼈저리게 느끼며 거실 방바닥에 주저앉았다. 이건 완전히 가수의 영역이구나. 감정을 갖는 것과, 감정이 들게 하는 건 아예 다른 일이었다.

그렇게 한 곡과의 여정이 길어지다 보니 이제는 이 노래를 들을 때면 자동적으로 질펀한 표정을 하고는 잠시나마 까만 치마를 입은 누군가를 기다리는 마음이 재생된다. 요근래 내게 절절한 감정을 갖게 한 이가 있다는 듯이. 노래가 시작되면 '지금 토요일 저녁인가? 어서 카페에 가야만!' 하며 나설 채비를 하고 싶을 지경이다(노랫말엔 '카페'라는 단어는 전혀 나오지 않는데도).

〈까만 치마를 입고〉는 김현철 스스로 좋아한다고 말한 곡이다. 자신이 부르면 분명 신날 노래를 내 손으로 만들었으니 얼마나 좋을까. 곡의 탄생 배경은 다소 우습기도 하다.

옷 가게에서 까만 모자를 한번 써봤더니 점원이 와서는 "손님, 그거 치만데요" 하고 말했단다. 어떻게 생긴 치마길래 머리에 쓸 수가 있었을까? 실시간으로는 차마 웃지 못했을 이 일화를 겪고서 쓴 곡이라고. 될 사람은 된다, 가 아니라 될 사람은 그게 뭐든 되게 한다. 〈까만 모자를 쓰고 혼난〉이 될 뻔한 곡은 그렇게 〈까만 치마를 입고〉가 되었다. 치마를 모자로 착각하는 남자 손님에게 그런 기본적인 것까지 알려줘야만 했을 옷 가게 점원은 자신이 〈까만 치마를 입고〉의 영감을 제공했다는 사실을 알까? 우리는 모두 어떤 창작의 작은 계기가 된 줄도 모른 채 살고 있을지도. 내게 그런 사례가 있다고 해도 굳이 알고 싶지 않지만.

〈까만 치마를 입고〉 안에는 감정만이 주인공이 된 채 모든 걸 숨긴 듯한 풍경이, 한 뼘도 채 되지 않는 에피소드만이 그려진다. 노래라는 건 부르는 이의 이야기면서도 듣는 이의 경험과 사유, 망상 같은 게 한껏 더해져 완성된다. 노래 한 곡을 좋아하는 이유에는 혼자만의 오해가 주렁주렁 달린다.

나는 〈까만 치마를 입고〉를 듣자마자 곧장 90년대의 아무런 2층 카페를 떠올렸다. 이 곡은 1992년에 발매되었는데, 발매 시기를 차치하더라도 이 곡만의 찐득함은 그 시절 2층 카페가 즐비한 작은 골목의 분위기를 자아낸다. 앞뒤 내용 없이 그저 까만 치마를 입은 한 사람을 기다리며 혼자 다릴 롱거리는 이는 한낮의 시간을 온통 카페에서 보내는 참 널널한 사랑의 바보를 떠올리게 한다. 그게 꼭 나였으면 해서 어떻게든 90년대 초로 돌아가서 아무런 2층 카페로 향하고 싶어진다. 주머니에 손을 쿡 찔러 넣고 어깨를 움츠리기 좋은 겨울의 길거리면 좋겠고, 외투는 좀 길었으면 좋겠고, 주머니에 찔러 넣은 손으로 담배와 라이터를 만지작거리면서 그 시절을 바쁜 잰걸음으로 걷고 싶어 조바심이 다 난다.

정작 90년대 초의 나는 유치원에 다녔다. 그 시절 카페 생활을 향유한 어른들의 무드를 제대로 이해하기는 어려운 나이였다. 그때의 나는 유치원 차에 올라타며 하루를 시작했다. 우리 집이 첫 순서라 늘 혼자 맨 뒷자리에 앉아 차창 밖을 바라봤다. 버스에서 노래를 듣는 게 얼마나 끝내주는 일인지 아직은 알지 못한 채. 집 앞에서 출발한 버스는 동네를 한 바퀴 쭉 돌아 80년대에 지어져 아직 시간의 흐름이 덧입혀지지 않았던 아파트 단지로 향했다. 단지에 들어서 몇 그

루의 나무를 지나면 창문 밖으로 노란 가방을 메고 노란 모자를 쓰고 있는 친구가 보였다. 무표정이기만 하던 버스 맨 뒷자리의 얼굴이 그 순간 노랗게 밝아졌다. 엉덩이를 들썩이며 빈 옆자리를 손으로 톡톡 치며 친구를 맞이하는 나의 아침. 다물고 있었는지도 몰랐던 입을 열심히 열면서 떠들던 순간은 유치원생에게 꼭 맞는 행복이었다.

그런 장면들이 내 기억 속 90년대 초의 경험이고 완전히 내 거라고 할 수 있는 순간들이다. 90년대 초에 나온 노래를 듣고 나만의 경험이 아닌, 나를 포함했던 한 시대를 그리게 되는 건 왜일까. 그 시절 어른들이나 누렸을 일상을 떠올릴 수 있는 건 나를 그리로 데려가준 어른들이 있었기 때문이다. 잠시나마 그들과의 하루 속에 공존한 기억은 인간의 생에 이토록 오래 남는다.

나는 어른들과 같이 있는 시간이 또래보다 길고 잦았다. 엄마 아빠가 운영했던 레스토랑이나 단란주점도 나에게만 일상이었을 뿐, 친구들에겐 모르는 면면이 바글거리는 어른의 장소였다. 아빠 손을 잡고 아빠의 단골 술집에도 자주 드나들었고, 야식과 술을 좋아하는 엄마 아빠로 인해 늦은 시간까지 술집에서 노는 어른들을 마주했다. 내 음료 옆에 어른들만 마시는 술이 있는 탁자는 자연스러운 풍경이었다.

바빴던 엄마는 종종 나와 오빠를 나이 차이가 많이 나는 키 큰 외사촌 오빠에게 맡겼다. 사촌 오빠가 집에 오는 날이면 손에 든 장난감을 하늘 위로 다 던져버릴 만큼 신이 났다. 그날은 2층 카페로 돈가스를 먹으러 가는 날이었으니까. 나와 오빠를 데리러 온 사촌 오빠는 문밖에서 우릴 기다리지 않고 꼭 신발을 벗고는 방까지 들어와서 웃으며 인사를 건넸다.

사촌 오빠가 데려간 곳은 지금 떠올려보면 동네에서 제일 세련된 카페였던 것 같다. 만일 지금의 나에게 조카가 있어서 몇 시간 동안 함께 보내야 한다면, 나도 카페에 데려가지 싶다. 그때와는 다르게 모두에게 다정한 장소를 고심해서 고르느라 애를 쓸 법하다. 90년대 초반엔 대체로 모든 장소가 어린이에게 다정했다. 사촌 오빠가 2층의 카페를 고른 건 엄마의 레스토랑과 가까우면서, 작은 인간 둘이 잠시나마 집중하고 먹을 무언가가 마련되어 있고, 자기도 나란히 앉아 커피 한 잔을 마시며 담배도 피울 수 있기 때문 아니었을까.

90년대 2층 카페는 밖에서부터 시작된다. 거리에서 올려다본 창문에는 흰색 시트지로 카페 이름이 붙어 있고, 그 사이로 앉아 있는 어른들의 머리가 들썩인다. 큰 화분도 보이고 카페 안을 지나다니는 사람도 많다. 유리 문을 열고 들어가면 반짝거리는 유리 테이블들, 그 위엔 유리 재떨이가 있다. 사촌 오빠는 소서가 있는 흰색 커피잔에 담긴 따뜻한 커피 한 잔을 고르고, 돈가스는 오빠와 내 몫으로 두 접시만 주문해주었다.

나는 늘 창가 자리에 앉아서 바깥을 구경하다가 돈가스가 나오면 자리에서 일어나면서 점프를 해댔다. 몸이 작아서 거의 테이블에 기대서서 돈가스를 먹었던 것 같다. 그 시선 끝에 사촌 오빠의 꼰 다리가 보인다. 따뜻해 보이는 하얀 골덴바지. 내 옆에는 친오빠가 굶은 사람처럼 돈가스를 퍼먹고 있다. 어렸을 때부터 내성적이었던 나지만, 오빠와 사촌 오빠라는 울타리가 있기에 모처럼 밖에서도 시끄럽게 굴었다. 돈가스를 내온 직원 언니는 짧은 치마를 입고 있었고, 방방 뛰는 나를 쳐다보거나 말리는 어른은 아무도 없었다.

카페에 있는 언니들은 모두 입술이 까만색처럼 보였다. 입은 옷도, 한껏 꾸민 헤어스타일도 각각 다르게 멋진 언니들. 열이면 여덟은 내 머리를 쓰다듬고 지나가거나 웃어주었다. 모르는 어른들이 대체로 나를 예뻐하고 나를 보고 웃는 세상. 내게 90년대의 카페가 사랑의 시선을 받으러 가는 곳으로 기억되는 건 무리도 아니다. 사촌 오빠는 커피 한 잔의 시간을 우리와 보내며 엄마에게 잠시 여유를 주고는 다시 자신의 자리로 돌아갔다.

그 시절의 노래를 트는 순간, '90년대 초 우리 동네 2층 카페'라는 다 지나버린 분위기가 일순간 불어온다. 살아가고 싶은 시대를 스스로 정할 순 없지만, 태어난 시대 속에서 향유할 수 있는 범위만큼은 나와 주변으로부터 구성되기 마련이다. 성장하며 나만의 삶이라 감각하는 시기는 저마다 다르게 찾아오기에 같은 시대를 사는 사람끼리도 추억의 채도나 볼륨감이 다르다. 어린 시절, 웬만하면 동네를 벗어난 적 없는 나지만, 술과 담배와 커피가 자연스러운 가게 어디든 자유롭게 다닌 덕에 내 것처럼 기억하는 그 시대 어른의 문화들이 남아 있다.

2층 카페에서 내려다본 우리 동네, 나를 위해 나온 멋진 유리컵과 그 안에 담긴 물 한 잔, 알록달록한 구성의 플레이트와 돈가스를 한입 크기로 썰어주던 사촌 오빠의 큰 손. 담배를 피우다가도 나와 눈이 마주치면 웃으며 불을 끄던 모르는 언니 오빠, 친구를 기다리다가 전화를 받으러 카운터로 뛰어가는 어른들, 느지막이 카페에 들어와 일행에게 손을 흔들고는 그 손으로 내 머리를 쓰다듬고 가는 언니, 그 시절 어른들의 표정과 몸짓, 그리고 그들만의 것이던 한낮과 한밤. 그것들은 거기에 그냥 앉아 있던 나를 줄곧 지나쳤고, 한 줌의 분위기가 되어 남았다. 듣자마자 당장 바다 앞이 되는 여름 노래들처럼 듣자마자 옛 카페에 앉히는 노래들이 있다. 그 노래들이 울려 퍼지던 2층 카페들을 그리며, 그 장소로부터 나는 환영을 받았구나 하고 뒤늦게 안다.

2층 카페의 언니들을 보며 키운 상상이 그 언니들의 나이를 한참 지난 지금까지 음악 한 곡을 듣는 데에 사용된다니. 가지 않았다면 몰랐을 장면들이 내내 감상의 재료로 쓰일 줄 알기나 했을까. 몰랐으니까 아무런 표정을 지으며 나를 내버려둔 채 앉아 있었겠지.

나의 시대 안에서 누리고 가질 수 있는 것은 한계가 있다. 물리적으로 어떻게 할 수 없는 한계도 있겠지만, 신경을 안

쓴다면 그 범위는 더 줄어들기 십상이다. 돌이켜 보면 어린 시절의 내가 지닌 한계 안에서 나의 향유 범위를 어떻게든 넓혀야만 했다. 그래야 길이길이 사는 재미가 생기니까. 그런데 그게 한 사람만의 힘으로 가능할까. 혼자서 엄지손가락부터 새끼손가락까지 있는 힘껏 펼친다고 해도 그 사이를 더 넓히기란 어렵다. 온 마을이 한 사람의 향유 범위를 서로서로 넓혀줘야만 한다. '가요 세상'이라는 카테고리 안에서만큼은 범위가 광대한 사람으로 자라난 건 내 주변 어른들의 다정함과 내 시대 속의 다정함이 있었기에 가능했다.

오늘의 어린이 친구들은 어떨까. 지금 태어났기에 누릴 수 있는 온갖 것을 충분히 음미하고 있을까. 그런 여지가 있는 세상을 살고 있을까. 즐길 거리가 많아지긴 했어도 함께 즐기자고 내어주는 품은 점점 좁아지고만 있지 않나. 지금을 살기에 느낄 수 있는, 지금만의 정서란 분명 있을 텐데. 그걸 한 사람 한 사람 작은 아이들의 마음에 어찌 담을지, 어떻게 하면 오래도록 간직할 수 있게 할지는 온 마을의 몫이다. 노래 한 곡에 지난 나의 옛 동네 카페를 떠올리는 것처럼.

그 어디에서도 어리다는 이유로 입장 불가하다는 뉘앙스조차 느껴보지 못하며 자란 나는 어린이의 출입을 막는 장소에 회의적일 수밖에 없다. 다소 자극적인 책이 있어서, 공간 구조가 위험해서, 그냥 내 가게 내 마음이라서, 이유 같지 않은 이유로 어린이의 입장을 막는 책방과 카페, 식당 들을 볼 때면 점주의 어린이 시절 얼굴을 홀로 상상한다. 당신은 환영받았던 경험이 정말 없었냐고, 어린 시절부터 오늘까지 호주머니에 몰래 지녀온 무언가가 전혀 없냐고 묻고 싶다.

지구별에 모였다는 이유만으로 우리가 우리를 좋아하기로 약속한다면 가장 전하고 싶은 어떤 정서는 어떻게든 전해질 텐데. 단지 한 뼘의 경험만이 아닌, 있는 대로 쫙 펼친 한 뼘과 한 뼘이 곱해진 경험들. 그런 틈새로 세상을 다시금 본다는 건 살면 살수록 두고두고 감사한 일임을 우리 어른들은 알고 있다.

80~90년대의 노래들은 옛 노래라고는 해도 나 역시 작은 몸으로나마 그 세상 속에 분명 함께했다. 같이 있었다는 사실, 그것만으로도 으쓱해서 자꾸만 들먹거리고 싶다. 이 기분 나도 안다고 으스대고 싶다.

겨울 2층 카페 기분이 괜히 그리울 때면 내가 모은 '2층 그 카페로 와' 플레이리스트를 튼다. 약속을 나눈 이라도 있다는 듯이 구는 플레이리스트 제목이다. 과거의 분위기를 내 방에 채우며 책상 위에 손을 올리고는 최대치의 한 뼘 간격을 자꾸만 만들어본다. 한 뼘을 그 이상의 길이로 나 혼자 늘리는 건 무리. 누군가의 손이 닿아 계속계속 이어져야만 추억거리가 넓어진다. 부스러기 같은 추억도 이어보면 빵처럼 부푼다. 내가 기억하는 나의 한 뼘을 이어주는 건 어른들의 작은 미소와 따뜻한 한마디였다. 그 한 뼘들 사이에는 립스틱 묻은 휴지와 담배 냄새와 잔에 남은 커피 얼룩이 환대의 얼굴을 하고 있다. 커피는 못 마셔도 돈가스 한 그릇이 내 차지라는 이유로 뛸 듯이 좋았던 내가 있었다.

그 시절 나도 모르게 귀에 들어온 노래들은 내 안에 뿌려져 남았다. 그 덕에 어느새 90년대 2층 카페를 즐기던 주인공의 마음까지 되어보는 것이다. 까만 치마를 입은 사람이 아닌, 까만 치마를 입은 사람을 기다리는 사람이 되어 노래를 마저 듣는다. 요만큼의 경험으로 옛 노래를 듣는 옛 꼬마. 이게 90년대 어린이의 마음인지, 이제는 카페 생활을 얼마든지 향유하는 어른의 마음인지 도통 모르겠다.

노영심이 부릅니다

〈별걸 다 기억하는 남자〉

최소 삼만 원은 쓸 작정을 하고 동네 노래 연습장에 갈 채비를 한다.

코노(코인 노래방)가 생긴 지 오래지만 코노에서는 좀처럼 해소하지 못하는 것들이 많다. 우선 마이크가 아쉽다. 얇은 벽으로 가려진 옆방 사람의 목소리는 또 너무 가깝다. 간주 점프나 1절 점프 기능을 사용해야 할 것 같아 초조해지는 내 마음도 싫다. 무엇보다 이것만 보라는 듯 가까운 모니터 화면은 아무래도 적응이 되지 않는다. 나와 내가 부르는 노래를 둘러싼 무언가가 너무 없다. 푹 꺼진 소파나 노래방 책을 펼칠 넉넉한 테이블이나 갑자기 벌떡 일어나 몸을 들썩일 여유 공간 같은 게. 물론 술 한잔 마시고 집에 들어가기 아쉬울 때 코노에 잠시 들러 소리를 양껏 지르면 편하지만, 그 돈을 아껴 동네 노래 연습장에 쓰는 편이 이래저래 내게 남는 장사다.

노래 연습장에서 최소 삼만 원을 쓰는 건 한 시간에 보통 삼만 원이기 때문인데(헉! 너무 비싼 거 아닌가요? 묻고 싶겠지만 한번 들어보세요), 나의 단골 노래 연습장은 처음부터 두 시간을 주고(서비스는 주긴 줄 건데 나중에 봐서 준다 하는 것과는 차원이 다른 진솔함), 두 시간이 지나면 시간을 더 줘도 될지를 묻고(혹시 더 못 부를 수도 있으니 확인하는 센스), 캔 음료를 주문하면 네 칸으로 나뉜 그릇에 새우 과자, 땅콩, 초콜릿을 한 칸씩 담아주고(남은 빈칸 하나는 땅콩 껍질을 두는 용), 음료를 주문하지 않더라도 기본 과일을 주며(최근 구성은 수박, 바나나, 방울토마토, 체리), 무엇보다 차디찬 캔 음료의 온도가 집 냉장고로는 흉내 낼 수 없을 만큼 만족스럽다. 노느라 돈을 잘 썼다고 생각하면 오히려 돈을 버는 기분이다.

부를 노래는 대체로 정해져 있는데(내가 절대 헤매지 않는 장소가 있다면 첫째는 책방이요, 둘째는 노래 연습장이다) 불러야 하는 노래를 얼추 불렀다 싶으면, 그러니까 목뿐만이 아니라 노래를 부르는 마음도 어느 정도 풀렸다 싶은 중반부 즈음이 되면, 이제 노영심의 〈별걸 다 기억하는 남자〉를 부를 때다. 두 시간 넘게 노래 연습을 하려면 쉬어가는 노래 목록 또한 필요하다. 평소 드러내지 않던 감정을 실컷 쏟아내는 노래를 열창하거나 단란주점 키즈답게 내 피에 흐르는 박자를 쏟아낸 후에는 자세를 고쳐 앉아 남은 캔 음료도 마저 입에 쏟아버리고서는 또박또박한 마음을 다시 심는 것이다(단란주점 키즈로서 부르고 넘어가야 하는 곡은 〈내게 남은 사랑을 드릴게요〉, 〈미소를 띄우며 나를 보낸 그 모습처럼〉 등이 있다).

〈별걸 다 기억하는 남자〉는 별걸 다 기억하는 목록을 단 하나도 그냥 지나칠 수 없어 나도 모르는 사이 귀를 기울이게 되는 노래다. 사랑스러운 노랫말이 모두 내 마음이 되는 시간이다.

"생일이나 전화번홀 외우는 건 너무 당연하지 않아요" 물음표를 감춘 그 순수한 물음에 고개가 끄덕여지다가, 스스로도 기억하지 못하는 자신의 면면을 기억해주길 바라는 마음이 참으로 귀엽기만 하다가, 적당히 기억하라고 해라! 하는 마음도 들다가(특히 쌈 싸 먹을 때 고기보다 쌈장을 먼저 바르는지 기억하느냐는 대목에서), 결국은 사랑스러운 끝맛으로 남는다.

이 노래를 몇 번이나 불렀던 어느 날에 별안간 뭉클해졌다. 잠깐만, 그러니까 노래 속 화자는 이 모든 걸 전부 기억하고 있는 거잖아. 별의별 모든 걸 다 기억하라고 하는 게 아니라 우리의 별의별 사사로운 이야기를 다 기억하고 있다고 넌지시 고백하는 살뜰한 사랑인 거잖아. 노래 안에서 펼쳐지는 두 사람의 시간이 몇 회차의 드라마처럼, 아른아른한 옛 풍경처럼 다가왔다. 내가 이 곡을 좋아하는 건 어쩌면 당연한 일이었다. 나 역시 별걸 다 기억하며 사는 사람이다.

처음 본 날이 무슨 요일이었는지, 어떤 옷을 입었는지, 같이 건넌 한강 인도교의 철조 아치가 여섯 개인지 일곱 개인지를 묻는 건 정답을 알고 내는 퀴즈. 그런 퀴즈에는 어떤 퀴즈가 되돌아와도 답할 수 있다는 자신감이 숨어 있다. 둘을 조용히 따르던 달마저도 우리의 풍경으로 삼는다는 것은 오직 우리의 순간을 기억하고자 하는 하나의 아낌없는 마음이었다. 이제는 쉬이 보이지도 않고 감히 내비치기도 어려운 마음이라서 몹시도 소중하게만 느껴진다.

볼륨이 점점 줄어들면서 자연스럽게 끝나는 아웃트로가

늘 아쉽다. 마지막 노랫말을 마저 들으려고 볼륨을 높이다가 다음 트랙으로 넘어가버려 귀에 타격을 입는 것도 이제는 예삿일이 되었다. 마지막 노랫말은 "나를 처음으로 집까지 바래다준 날 어느 정류장에서 들리던 노래가 〈목포의 눈물〉인지 〈빈대떡 신사〉인지 기억할 수 있을까"로 끝이 난다. 이토록 구체적인 기억을 따져 묻는 노랫말을 남모르게 둔 것도 어째 귀엽기만 하다.

잠시 멍할 때의 나, 나조차 지나치기 쉬운 나의 모습을 누군가는 봐줄 거라는 믿음은 그 어렵다는 자신을 좋아하기를 가능하게 한다. 나에게도 그런 시선을 준 이가 둘 있다. 열중할 때 나오는 특유의 표정이 내게 있다는 것과 애쓸 때의 기운이 웃기다는 것을 나를 보던 사람들의 반응으로부터 알게 되었다. 골몰하느라 입을 삐쭉 내민다거나, 온몸에 전원을 끈 듯이 힘없이 빨래를 개거나, 멍하게 앉아 여기가 아닌 다른 풍경을 그릴 때. 그럴 때의 내 표정을 웃겨 하는 이. "내가 미처 깨닫지 못한 내 모습까지도" 바라보는 사람.

〈별걸 다 기억하는 남자〉는 나를 다 들키고만 싶은 누군가에게 보내는 편지이자 그 마음을 내게도 알려주는 솔직한 일기다. 사랑을 받은 시선으로 숫자 8을 쓰는 나를 새삼스럽게 바라볼 수 있고, 수화기 너머로 “여보세요” 건네는 흔한 말도 다시 들어보게 만든다. 숫자 8을 적을 때 왼쪽으로 돌리는지 오른쪽으로 돌리는지 안다는 건 진짜 사랑이긴 하다.

나의 별걸 다 바라봐주는 사람이 있다는 건 ‘나도 모르는 나’를 선사받는 일. 관심으로부터 피어난 시간을 들여 바라봤기에 알아보는 모습. 〈별걸 다 기억하는 남자〉는 시간을 써서 바라보는 걸 사랑이라 말한다. ‘이 정도는 기억해야지?’ 하며 배배 꼬인 척하지만 실은 사랑이 가득한 이 노래가 겹겹이 좋아진다.

노영심이 보낸 음악 편지들은 당시엔 너무 쉬워서 어디에 쓰기 부끄러웠던 마음들이 그때 그대로의 목소리를 내고 있다. 꾸밈없이 솔직한 말이 가장 공들인 마음이라고. 이리로 돌아오지 못할 테지만 먼 훗날 돌이켜 본다면 이렇게 한번 기억해볼래, 하면서.

돌려 말하지 않기. 흐트러뜨리지 않고 있는 그대로 퍼 담기. 내게 익숙한 풍경을 곧이곧대로 전하기. 한눈을 팔면 날

아갈 심술을 잡아채기. 몇 번 숨을 고르고서야 부는 촛불처럼 내 속을 한 번 더 바라보기. 내가 싫은 나의 모습도 사랑스러워하는 누군가를 희망하기. 그 눈으로 나를 바라보기. 내가 나를 꼭 안아주기. 일기 쓰듯 써 내려간 노영심의 기록법이다. 피아노를 치며 또박또박 노래를 부르며 전한 노영심표 문학이다. 그의 노래들을 들으면 깊은 내면의 내가 바깥으로 팔을 벌려 나를 크게 안아주는 듯하다.

보이지는 않지만 반드시 존재하는 무수한 것들이 우리의 삶 속에 있다. 마치 사랑처럼. 그저 부끄럽다고, 모호하다고 일축해버리면 볼 수 없는 것들을 바라볼 수 있게 하는 것. 음악과 문학이 우리 삶에 존재하는 이유가 아닐까. 이토록 다정하고 솔직하게 설명해주니까.

집에서도 노래 연습장에서도 노영심의 노래를 번번이 부르는 건 한 번 되짚고 넘어가고 싶은, 부끄러워하지 않고 드러내고 싶은 속마음이 노래 안에 녹아 있기 때문이다. 어디에도 티를 낼 수 없는 투정이 깃든 표정을 노래 연습장에서라도 맘껏 지어보고 싶어서. 고음을 내는 노래보다 어떠한 기교도 없이 또박또박 꾸밈없이 부르는 게 어렵다는 걸 또

한 번 느끼며, 어떻게 연습하고 오면 좋을지를 헤아려본다.

친구들과 술을 마시고 간 노래 연습장에서 '지금쯤이면……' 하는 마음으로 〈별걸 다 기억하는 남자〉를 부른 적이 있다. 왠지 1절만 하고 꺼버렸는데, 집에 가는 버스 안에서 친구가 감상평을 남겼다. "오늘은 언니가 부른 노영심 노래 가사가 마음에 남았어요." 내가 노래하는 모습을, 아니 화면에 흐르는 노랫말을 봐주었구나 싶었다. "노래 좋지? 참 좋아하는 노래야." 친구는 내 목소리로 들은 〈별걸 다 기억하는 남자〉로 어떤 에피소드들을 떠올렸을까. 홀로 있을 때의 친구 표정을 상상하면서 찬찬히 노랫말을 곱씹었다.

다시 동네 노래 연습장.

두 시간 받고 30분 더 넣어주신 시간까지 야무지게 채우고서, 서비스로 받은 생수도 야무지게 가방에 챙겨 넣고서 오늘의 연습을 마치고 나왔다. 아무도 듣는 이 없다는 듯이 시원하게 불러댔으면서 문만 열고 나오면 다시 얌전 모드다. 출입구 카운터에 앉아 텔레비전을 보던 사장님도 웃으면서 감상평을 남기셨다. "재밌었어요? 노래를 아주 잘하시네~" 나는 머쓱하면서도 은근히 기뻐서 연신 고개를 숙이며 대답했다.

"감사합니다. 또 연습하러 올게요!"

노래 연습장이라는 말이 좋다. 매일 노래 연습을 하는 나의 최종 목적지 이름이 연습장인 게 좋다. 작정하고 연습하기 위해 간다는 게 좋다. 나의 노래 세상에는 연습만이 있어서 좋다. 간주를 점프하지 않아도 되는, 간주를 들으며 가만히 앉아 있어도 되는, 눈치를 보며 2절부터 부르지 않아도 되는, 한 시간에 삼만 원이지만 처음부터 두 시간을 넣어주며 시간을 또 줄지 물어보는 우리 동네 노래 연습장이 좋다. 부를 노래가 결코 줄어들지 않는 내가 좋다. 내가 부르는 노래를 나만큼은 전부 기억하는 내가.

그 노래로 나를 기억하는 사람이 있다는 게 좋다.

B side

고찬용이 부릅니다
〈화이팅〉

고찬용 2집 앨범 《look back》의 첫 곡 자리에 〈화이팅〉 세 글자가 있다. 선물 상자를 뜯기 전, 겉에 붙은 포스트잇 메시지를 읽는 것 같아 찡하다. 힘을 좀 내야 하는 날이면 습관처럼 그 세 글자를 눌러 응원의 이불을 뒤집어쓴다. 꿈을 그리다 말고 포기를 선언하기 직전에 선 이들을 위한 직선의 응원가. 사적 에피소드도 더하지 않고 그저 "화이팅!"만을 외치는 응원은 맑게 다가온다. 듣고 싶은 말들을 긁어모아 낯선 멜로디 안에 알맞게 넣은 곡이라 그런지 그 개운함은 이루 다 말할 수가 없다.

고찬용의 노래를 듣다 보면 그가 멋대로 만든 박자에 나도 모르게 춤을 추게 되는데, 이런 멜로디의 노래는 좀처럼 들어본 적이 없는데도 어느새 내 입은 선율을 따른다. 자기 박자대로 노래하는 사람이 만든 곡은 설명서도 부품도 없이

제 마음에 따라 만든 근사한 장난감 같다. '조립'이라는 단어가 기가 막히게 어울리는 음악가와 노래가 아닌지. 자기 박자를 갖는다면 그 박자에 춤을 출 사람이 다가온다는 말을 나는 이 곡으로 처음 이해했다. 들썩이는 내 어깨로 확인했기에.

누가 이렇게 흘러가는 노래를 만들고, 누가 대체 이만큼 잘 부를 수 있겠냐고요. 그 질문에 존재 자체로 답한다. 고찬용이라는 장르에 대해 "재즈풍의 악곡을 완벽하게 가요화"했다고 한 평론가 권석정의 설명을 보고 손뼉을 쳤다. 재즈가 아니라 재즈풍이라는 말이 역시 적확하다. 무엇무엇풍이라는 말은 분명한 씨앗을 통해 새로운 걸 만들었다는 뜻이니까.

"희망은 조금씩 당신에게 찾아와 힘을 줄 거야." 노랫말에서 느껴지는 희망의 보석 같은 단면. 나에게 찾아올 희망을 길러내는 건 누구일까. 그건 바로 나다. 그런 이야기를 참으로 희망차게 전한다. "화이팅! 당신은 할 수 있어." 쉬운 응원의 말처럼 들리지만, 손을 꽉 쥐고 따라 부르다 보면 괜히 울컥한다. 맑은 응원을 주고받기 어려운 나날에 타인에게 기대를 걸기보다는 내가 받을 응원 정도는 내 손으로 찾는 편이 빠르다. 무언가에 몰두하고 있는 한복판에서는 '화이팅'의 힘을 더욱이 느낄 수가 없다. 높은 곳으로 가는 길인지 모르겠고 고난 그 자체일 때 스스로는 외칠 수 없는 '화이팅'. 그런 와중에 무심히 흐르는 시계 소리 째깍째깍 1분, 째깍째깍 1초에는 떠올릴 수 없는 말이다.

내내 걸어온 길에 서서 돌아보면 안다. 그건 내가 준 물이었구나. 그때 잠시 작은 블랙홀 속이었구나. 그 안에서 나는 휘파람을 불며 춤을 췄구나. 마음에 드는 꿈을 내 손으로 조립했구나. 내 꿈을 내가 이뤘구나. 이룬 모양이 이런 거구나. 지나서야 들리는 내가 보낸 응원의 소리들. 어쩌면 아무리 시간이 흘러도 못 듣고 지나가버릴지도 모르는.

못 듣고 그냥 지나칠까 봐 걱정한 고찬용은 노래 속에서 당신은 할 수 있다고 목소리를 높인다. 눈에 쉽사리 띄지 않던 자잘한 과정들을 향해서. 그 누구도 아닌 당신의 마음이 말한, 당신의 (크거나 작거나 아무래도 상관없는) 꿈! 그걸 누가 이루게 해줄 수 있냐고 외친다.

고찬용표 〈화이팅〉은 반박할 수 없는 '힘내!' 그 자체다.

'내가 왜 힘을 내야 해. 힘내라는 말이 더 힘 빠져' 하는 식의 생각을 한번 가져봤던 사람이더라도 그 생각이 쏙 들어가게 하고, '고난을 어떻게 이겨내. 왜 높은 곳에 올라가야 해?' 같은 질문 아닌 질문을 삼키게 한다. '내가 나에게 힘을 안 주고 뭐 해?' 하는 마음이 되는 것이다. "당신의 꿈은 정말 멋있어요!" 외치며 마무리하는 노래에 어떤 딴지를 걸 수 있을까. 꿈을 꿔본 모든 마음들이 부들부들 말랑해지는데. 그런 쉬운 응원의 말을 꼭 한번 듣고 싶었다고 고개를 드는데.

〈화이팅〉을 다 듣고 나면 한 번 더 재생 버튼을 누르면서 조용히 말한다.

"힘낼게. 힘을 내자."

이건 노래를 통해 받은 힘을 돌려주는 말이기도 하고, 이 앨범을 낼 줄 몰랐을 젊은 시절의 고찬용이란 음악가에게 보내는 대답이기도 하다. 어린 마음 어린 줄도 모르고 홀로 음악을 만들기 시작했던 그에게, '낯선사람들'로 활동하던 90년대 초반의 그에게, 그 이후 드러나지 않는 10년의 시간을 보낸 그에게, 그 시간만큼을 또다시 지나 1집 솔로 앨범을 발표하며 자신만의 멜로디를 선보였던 그에게, 그로부터 6년 뒤에 〈화이팅〉을 앞세워 2집 《look back》을 발표한 그에게. 지난한 시간을 손수 건너와 우리 모두에게 춤을 추자 응원해준 그에게. 여전히 새로운 박자를 꿈꾸는 지금의 그에게. 그리고 언젠가의 나를 향해 외친다. 힘낼게!

힘이 안 날 때 들으면 제일 힘 빠지는 말은 무얼까. '그건 아무것도 아니야, 나는……' 하며 시작하는 모든 말이다. 그 말풍선 앞에서 어떤 힘을 내려 마저 앉아 있어야 할지 모르겠다. 별안간 내 얼굴은 마치 상대를 비추는 거울이 된 것만 같다. 고통 겨루기를 할 거라면 서로 싸움임을 인지한 후에 하고 싶다. 하지만 삶과 애달픈 구름이 자신을 사이에 두고 미운 평행선을 달리는 걸 내내 본 사람은 안다. 나만의 고통, 나만의 이야기를 무기 삼지 않는다. 타인의 고통을 얕잡아 보지도 않고 그런 걸로 싸움을 걸지 않는다. 힘내라는 말에 '힘내는 게 얼마나 힘든 줄 아세요?' 답하지도 않는다. 내가 들 모든 힘은, 누군가의 작은 한마디에 휘둘릴 리 없는 자신만의 무게임을 알기 때문이다.

넌지시 흘린 나의 막연한 꿈에 대해 '할 수 있어!'라는 말

대신 '나도 그런 거 하고 싶다. 근데 누가 관심이나 가질까' 하는 걱정의 말을 들은 적이 있다. 내 꿈에 대한 대답이 아닌, 무언가를 하기에 앞서 낮아지기만 하는 자신의 마음을 탓하던 이의 말이었다. 우선되어야 하는 건 스스로에 대한 존중. 먼저 나를 응원하기 시작하면 마음속에 끝없이 달릴 벌판이 생긴다. 거기서 우리 각자 등을 지고 "땀이 날 때까지 뛰"면 좋겠다.

응원하기 싫으면 걱정도 하지 말자. 이건 타인과 나, 우리 모두에게 보내는 말. 그래, 우리는 지금 고찬용풍의 계단을 하염없이 오르고 있어. 긴 시간 걸려 만든 노래들로 하나둘 쌓아 올린, 제각각 간격이 다르고 그래서 어느 구간에서는 높게만 느껴져서 다음 칸이 아닌 코앞의 벽만 보이는 계단 말이야. 걸음을 떼는 것 자체가 어려워지는 계단. 그러니까 우리, 서로를 비교하지 말자. 각자 어디에 서 있는지도 모르는데. 상대의 꿈 앞에서는 "당신의 꿈은 정말 멋있어요!" 하고 그 뒤에는 아무 말도 건네지 말자. 그 말은 분명히 나에게도 돌아올 거야.

어쩌면 이 노래 제목 앞에는 손가락으로 입을 막는 시늉을 하는 '쉿!(조용!)' 한 글자가 숨어 있을지도. 나를 낮추던, 남과 비교하던 마음을 저버리라는 소리.

"(쉿!) 화이팅."

"해낼 수 있어요" 다음에 생각할 거리는 당연히 넘쳐난다. '그걸 위해서 뭘 하고 있어요?' '시작하기에는 너무 늦지 않았어요?' 따위의 질문인 척하는 지적만이 이어지기란 얼마나 쉬운지. 하지만 아무리 나이를 먹어도 새로운 꿈을 그리고 싶은, 또 다른 아침을 기다리고 싶은 존재가 다름 아닌 인간이다. 나는 변하더라도 밤이면 언제나 변함없이 달이 떠서 다행이라 여기는 마음, 그런 자기 박자로 꾸는 희망을 끝까지 안고 살아가는 게 인간인데.

《look back》 앨범을 산 건 순전히 〈화이팅〉이 있어서였다. 게다가 그 곡이 첫 곡이기 때문에. 그런 이유만으로 여전히 시디 한 장을 내 생활에 데려온다. 어째서 〈화이팅〉이 맨 앞에서 듣는 이를 맞이하고 있을까. 궁금한 동시에 받아들인다. 자기만의 박자로 노래를 만드는 음악 조립가의 순서를 믿고 들을 수밖에. 동그란 시디 한 장에 담긴 노래가 자기 순서를 지키며 낯선 방을 채운다.

첫 곡 〈화이팅〉이 흘러나오는 동안 나는 시디플레이어 위에 그새 쌓인 먼지라도 훔친다. 개운해진 마음을 내 주변에도 보이게 하기 위해서. 무겁게만 느껴졌던 내 자리가 노래 가까이에서부터 서서히 가뜬해진다.

1990년 고찬용표 꿈의 찬가 〈거리풍경〉 속 아름다운 노랫말처럼 희망을 감추지 않는 하루를 걸어가고 싶다. 내 꿈을 풍경처럼 바라볼 때, 한 인간의 삶은 '모르겠는' 내일이 아닌 '한 번 더'의 아침으로 향한다.

낯선사람들이 부릅니다
〈무대위에〉

낯선사람들 1집이 발매된 1993년은 어린 나의 밤에도 다음날이라는 상상을 그려보기 시작한 무렵이었지만 서울에서도 대학로라는, 음악과 극이 얼마든지 피어오르는 동네가 있다는 것은 알 리 없는 나이였다.

내게 대학로는 원래 영화를 보러 가는 곳이었다. 수능을 치르고 나서 맞이한 겨울은 종로영화제의 상영 시간표를 기준으로 흘렀고 영화만을 보기 위해 집을 나선 것도 그때부터였다. 이제는 사라진 하이퍼텍나다는 영화를 보기 위해 움직이면 그 계절과 그 하루와 그날만의 영화관 같은 게 한 편의 영화에 고스란히 더해지는 경험을 겪게 해준 곳이었다. 슬쩍 보이는 장독대, 마당에 서서 대화를 나누는 배우들, 잔잔한 활기가 옹기종기 모여 있었다.

지금은 대학로까지 가는 그 길이 좋아서 버스에 올라탄

다. 시집 서점 위트앤시니컬, 오래된 다방 학림, '에쵸티 떡볶이'라고 불렀던 쌀떡볶이집. 지금이기에 누빌 수 있는 나의 대학로 거리를 배회한다.

짧기만 했던 낯선사람들의 시대를 뒤늦게 좇는 나지만 낯선사람들의 노래를 들으면 내가 알지 못하는 대학로의 한 시절을 어떻게든 뭉뚱그리게 된다. 각각 다른 시절을 그에 맞게 누비며 다닌 사람들의 발자취가 노래 군데군데에 남아 있기 때문일까. 하나의 장소 속 고유한 정취는 건네지고 건네받는 것이라, 이미 떠나버린 사람들과 새로 태어난 사람들은 만나지 않더라도 그 사이에 놓인 무수한 돌다리로 어떻게든 이어진다. 풍경은 달라져도 여기만의 아늑함을 골라 느낄 수 있는 사람들끼리는 투명값의 무언가를 알아서 챙긴다. 증명할 수는 없겠지만 대학로로 향하는 길에 낯선사람들의 앨범을 통으로 듣게 되는 내 마음을 근거로 내세우고 싶다.

하루는 나의 대학로 코스를 따라 걷고 싶다는 친구가 있어 시집 서점에서 만나기로 했다. 오랜만의 외출이라 조금

늦을 것 같다는 친구의 연락을 받았던 순간에도 나는 버스 안에서 낯선사람들 1집을 차례차례 듣고 있었다. 봄이 막 끝나가는 계절이었지만 버스에서 낯선사람들의 노래를 듣는 순간만큼은 꼭 겨울의 어느 날 같다. 아무리 낯선 계절위더라도 내가 아는 겨울이 되는 것이다. 특히 〈무대위에〉를 듣는 순간이 그렇다. 이소라의 한 시절 시린 마음과 그 눈동자를 고스란히 담은 곡 〈무대위에〉가 끝나면, 동명의 제목에 '반복'을 뜻하는 영어 단어가 붙은 연주곡이 이어진다. 곡이 끝나자마자 끝이 아닌 기분, 끝난 노래를 곧장 추억하는 기분이 되어 다음 곡을 멀리 바라보며 듣는다.

시집 서점에서 만난 친구와 각자의 시집을 고른 후 쌀떡볶이를 먹고 2층 다방에 올라 커피를 마셨다. 그렇게 놀다 나왔는데도 이제야 해가 지려고 한다. 친구가 대학 시절에 자주 갔다던 술집에서 그날의 마지막 장면을 수놓았다. 그곳은 대학로를 지날 때마다 왠지 신경이 쓰여 자주 올려다본 2층의 어느 술집이었다. 아직은 겪지 않았지만 좋아할 것 같은 묘한 낌새를 느꼈다. 안이 들여다보이지 않으면 선뜻 들어서기 어려워 다음에 꼭 가봐야지 하며 게으른 계획만 마냥 세웠던 곳. 누려보기도 전에 내 마음에 들 것 같은 이유들을 꼬투리 잡듯이 상상해보길 좋아하는 나는, 친구의 오랜 단골 가게였다는 말이 반가울 수밖에 없었다. 친구를 따라 올라간 그곳은 길바닥에서 올려다봤을 때보다 더 좋았고, 오늘까지 문을 열고 있다는 사실이 뒤늦게 감사해졌다.

"오늘 일이 있어서요. 문을 열지 말지 고민했거든요. 열길 잘했네. 이젠 힘이 들어서."

처음 온 곳이지만 누가 봐도 지금 막 문을 연 것 같은 공기가 흘렀다. 나는 그런 공기를 잘 알아챘다. 사장님의 말에 내 얼굴은 무슨 문이라도 달린 것처럼 활짝 열렸다. 친구는 추억의 장소에서 대학 시절 이야기를 꺼내며 앳된 얼굴을 하고 있었고, 나는 친구와 사장님의 얼굴을 번갈아 바라보면서 오늘만의 이곳을 새로이 받아들이고 있었다.

사과피자와 마른안주를 주문하고서 마음이 내키는 병맥주를 냉장고에서 손수 골라 하나둘 꺼내 마시다 보니 지금이 언제인지 몇 시인지 아무래도 상관이 없어졌다. 흘러나오는 노래들을 안주 삼아 가게를 가득 채우고 있는 너무나 오래된 것들을 둘러보자 하나하나 눈에 다 담기엔 오늘로 부족해 보였다.

잠시 친구가 화장실에 갔을 때였다. 낯선사람들의 노래가 흘러나오기 시작했다. 혼자 남아 맥주를 마시다가 흠칫 놀랐지만 나올 만한 노래에 내가 더해진 것뿐이라 생각하니 차분해졌다. 오는 길에 들었던 노래를 와서도 듣는 것, 그게 바로 지금 나의 대학로구나라고 여기면서.

'지금 한 사람의 대학로'라는 건 세월마다 촘촘히 달랐을 터다. 내가 아직 너무 어려 몰랐던 그 시절만이 아니라 소극장들이 막 생겨났을 즈음에도, 마로니에공원 자리에 서울대학교가 있을 적에도, 낙산을 따라 흐르는 작은 개천이 막힘없이 청계천까지 흐르던, 대학로라는 이름으로 불릴 줄 미처 모르던 옛 시절에도 다들 '지금'만의 이곳을 누리며 지내지 않았을까.

"노래, 괜찮아요?"

혼자 남아 있는 내 뒤에서 테이블을 치우던 사장님이 말을 걸어왔다. 노래를 트는 입장이 되는 질문이었다. 흐르는 노래에 한참 빠져 있던 차에 반가워서 입을 길게 열었다.

"너무 좋아하는 노래예요. 오늘 여기 오는 길에 버스에서 낯선사람들 노래만 들으면서 왔거든요. 그런데 여기에서도 나와서 깜짝 놀랐어요."

"이 노래를 들으면서 왔다고요? 신기하네요, 정말."

"왠지 대학로에 오는 길에는 낯선사람들을 듣고 싶더라고요."

사장님과 나 사이에는 아마 서로는 절대 모르는 풍경들로 가득할 20~30년 정도의 간격이 있을 테니 깜짝 놀랐다, 신기하다라는 말을 건네기 충분했다. 잠시 나눈 대화로 '나의 대학로'는 다시 여기서부터인 것도 같았다. 낮은 산 속 오래된 산장 같은 곳에서 낯선사람들의 노래를 들으니 창밖에 눈이라도 내리는 듯 온 세상이 조용하다. 처음 가본 가게가 아는 가게가 되는 건 한순간이다.

낯선사람들의 노래들이 꼭 그렇다. 노래를 하러 모인 이들끼리 보란 듯이 비밀을 나누어 전에 없던 멜로디와 가사를 선사하는 것처럼, 선뜻 첫발을 내디디기는 어려워도 친구를 따라 용기를 가지고 오르면 삐거덕거리는 나무 계단 소리마저도 어느새 익숙한 소리로 들리기 시작하고. 여기만의 분위기와 이야기들에 차츰 스며드는 나를 보며 고개를 들어 낯선사람들의 노랫말을 따라 부르면 이윽고 나 또한 낯선사람들에 소속될 때. 낯선사람들 노랫말처럼 그다음을 그리고자 마음먹을 수 있게 된다. 노래를 들을 때는 전혀 몰랐던 부분이 너무나 예쁘장한 우리말이라는 걸 알고 나면 내 하루도 그렇게 암호 하나가 풀린 듯이 명료해진다.

〈무대위에〉가 나를 지난겨울로 데려가는 노래가 된 건, 낯선사람들이라는 어른들에게 건네받은 인상에서 오래전 만난 한 어른의 따뜻함을 고스란히 떠올렸기 때문이다. 어쩌면 곡에 담긴 뭉게뭉게 피어오르는 쓸쓸함이 나의 옛 겨울에 더해져 멋대로 극대화된 것뿐이겠지만, 그건 그것대로 나만의 감상으로 완성된다. 처음엔 낯설지만 알게 된 이상 이들만의 따뜻함을 다분히 느끼게 되고, 거기에서 이야기 주머니가 생겨난다. 이 노래는 그렇게 해서 만나고 싶던 사람을 만나고 싶지 않은 날 마주쳤던 나의 옛 겨울이 되었다.

어린 시절 나는 피아노학원에 뼈저리게 다니고 싶었다. 오빠가 나 빼고 혼자만 다닌다는 이유로 눈알이 벌게질 만큼 질투를 느꼈다. 피아노에는 아무런 관심이 없었지만 오빠가 들고 다니던 학원 가방이 부러웠다. 들고 나가기만 한다면 누구나 피아노학원에 가는 중임을 알 수 있는, 누구라도 내가 피아노 치는 모습을 떠올릴 수 있는 그 가방을 나도 들고 싶다는 이유만으로 오빠를 따라 피아노학원에 드나들기 시작했다. 결국은 나도 학원에 등록했고 다녀보니 나와 꽤 잘 맞는 활동이었다. 나의 생활이 만들어지자 점차 오빠의 일상을 날날이 부러워하던 마음도 그쳤다.

피아노. 나로 인해 선율이 태어나는 활동. 피아노학원 생활은 어린 시절의 내 정서를 어느 정도 매만져주었는지도 모르겠다. 몇 해가 지났을까. 등하굣길에 나를 바라보는 동네 사람들의 눈초리가 짠하게 바뀔 무렵, 평생 살 줄 알았던 집을 떠나 이사를 가게 되었고 학원도 그만두었다. 영원할 것 같은 일상 앞에는 작별의 얼굴이 그 무엇보다도 성큼 다가온다. 어린이 인생에서 피아노학원을 그만두는 일은 그렇게 간단치 않았다. 관계가 몇이나 끝나고, 웃음이 묻어 있던 일과가 삭제되고, 취미란에 구멍이 나는 일이었다. 무엇보다 서글픈 건 좋아하던 피아노 선생님과의 작별이었다.

나의 피아노 선생님은 나를 소중히 대해주었다. 선생님들 중 가장 큰 키에 안경을 끼고 늘 반묶음으로 머리를 묶은 채 굳센 말투로 나를 불러 피아노 방으로 들여보냈다. 가끔 선생님의 일상이, 퇴근길이, 방이 궁금했다. 언제나 학원 안에서만 보는 사람이었으니까. 웃을 때 손가락으로 안경을 올리는 선생님 얼굴이 좋아 그 모습을 괜히 따라 하곤 했다.

피아노 선생님은 나에게 처음으로 걸레 빠는 방법을 알려준 사람이기도 했다. 날을 잡아 "걸레 빠는 법 알려줄게"라고 말한 건 아니었고, 선생님이 화장실에서 걸레를 빨 때 그저 옆에 같이 쭈그리고 앉아 있던 것뿐이었다. 선생님은 세숫대야에 물을 받아놓고 두 손으로 걸레의 양쪽 끝을 잡고는 힘없이 흔들었다. 흔들기만 했는데 걸레 속 먼지와 티끌이 빠져나왔고 색색이 흔들흔들 춤을 췄다. 너무 멋진 방법이라고 생각했다. 사실 선생님은 걸레를 빨기 싫었을 것이다. 걸레로 학원을 다 닦고 걸레를 빨아 널고 다시 청소를 하고. 선생님은 자주 걸레를 빨고 있었다. 만지기 싫어하며 걸레를 헹구는 모습이 꽤 인상적이어서 오랫동안 그 방법을 따라 했다. 피아노와 선생님, 그리고 걸레 빨래는 선생님을 향한 내 마음을 묶는 나만의 단어들이었다.

그런 선생님과 마지막 인사를 나눌 용기가 없었다. 가능하다면 그간의 존재감이 자연연소된 듯이 사라졌으면 했다. 돈을 내지 않는 사람은 학원에 가면 안 된다는 걸 이제는 아는 나이. 4학년의 겨울이었다.

눈이 내리는 날이었다. 하교 후 친구네 집에서 늦게까지 놀다가 흰 눈을 맞으며 버스를 타러 걷는 길, 마침 몇 해 전에 피아노학원 친구들과 우정 반지를 맞춘 팬시점을 지나쳤다. 우리의 모습이 거리와 팬시점을 어수선하게 드나드는 듯했다. 괜히 손가락을 쫙 펼쳐보았더니 더는 우정이 서려 있지 않던 손이 차디차게만 느껴졌다. 어린 생을 살더라도 그보다 더욱이 어릴 때를 회상한다.

그때였다. 피할 수도 없이 피아노학원 선생님을 마주친 게. 여전히 반묶음으로 머리를 묶고 있던 선생님은 나를 보자마자 무척 반가워했고, 나도 그랬지만 반가움이 뭔가에 눌리는 듯했다. 내 손부터 덥석 잡고서 눈을 맞춰 인사를 건넨 선생님은 그 손을 다시 고쳐 잡더니 옆 팬시점으로 나를 데리고 들어갔다. "진아야, 이리 와봐. 손이 너무 차다." 그 한마디뿐이었다.

선생님은 곧장 작은 라탄 바구니에 차곡차곡 들어 있는 털장갑 앞으로 나를 안내했다. 조금씩 다른 패턴의 빨간색 장갑들이 투명 셀로판 봉지에 담겨 있었다. 팬시점 안은 바깥보다 한껏 겨울이었다.

"이사 기념으로 하나 사줄게. 마음에 드는 걸로 골라봐."

"괜찮아요. 집에 장갑 있어요."

조금 전 우정 반지의 추억도 정리를 다 못 했는데, 따뜻한 크리스마스 노래가 나지막이 흐르는 분위기에 금방이라도 울 것만 같아 혼이 났다. 선생님은 웃으며 장갑 하나를 쏙 빼냈다. 선생님이 계산을 할 동안 나는 똑같은 자리에 그대로 서서 지난 우리의 풍경을 그렸다. 꽤 오랜 시간 동안 선생님과의 만남은 피아노 앞 따뜻한 순간뿐이었는데, 내가 피아노를 치면 선생님이 따라 쳐주는 소리가 우리 곁에 있었고, 함께 떡볶이를 먹다가 모두가 맵다고 한 명씩 줄을 서 얼음을 입에 넣던 날도 선생님은 내 입에 얼음을 넣어줄 때 가장 크게 웃어주었는데, 우리는 그렇게 함께 웃는 사이였는데, 이런 식으로 선생님과 학원 밖에서 만나고 싶지 않았는데. 꽁꽁 얼어 웃어지지 않는 얼굴. 좋아하는 이에게 받은 선물이 슬프게만 다가오는 계절. 매일 뛰어다니던 익숙한 거리에서 피아노학원 선생님과 새로이 마주 보고 서 있는 겨울이었다. 모든 게 낯설기만 한 일상에 또 하나의 낯선 장면이 포개진 날. 선생님은 내 앞에 앉아 한 손 한 손 장갑을 끼워주었다. 피아노를 치려면 역시 손은 소중한 거죠. 걸레를 빨 때도 조심스럽던 선생님이니까요. 선생님과 내 손이 겹쳐지자 우리의 단어 '피아노'와 '걸레'가 생각나면서 그제야 언 얼굴이 조금 풀리는 듯했다.

"진아야, 잘 지내. 피아노학원에 꼭 놀러 와."

길을 건너 뒤돌아보니 선생님은 나를 아직 바라본 채 손을 흔들고 있었다. 빨간 장갑을 낀 두 손을 모으며 고개를 숙여 뒤늦은 작별 인사를 건넸다. 한 손을 들어 흔드는 인사가 아닌 두 손을 아래로 모은 인사. 이것이 진짜 작별 인사라고 생각했다.

눈은 계속 내리고 있고, 버스 안은 평소보다 조용하기만 했다. 버스 의자에 앉아 선생님이 사준 장갑을 낀 채로 만지작거렸다. 내내 마지막 인사를 겁낸 정체는 이것이었다. 선생님도 동네 사람들과 마찬가지로 나를 불쌍하게 여길까 봐 두려운 마음. 아이고 어쩌누 하며 시작하는 위로의 향연이 이어지던 등하굣길을 무시한 채 걷고 싶던, 그런 삶이 표면에 드러나는 순간을 모른 척하고 싶은 마음.

피아노 선생님과 마지막으로 헤어진 저녁, 장갑이라는 만질 수 있는 표면이 내 눈에 가까이 보였다. 그 시린 표면은 보드라웠고 그 계절 가장 따뜻하던 단 하나의 겨울로 내게 남았다. 따뜻한 순간과 다정했던 사람들이 여전히 살고 있는 마을에서 벗어나며, 서서히 새로운 마을에 도착하면서 나는 겨우 울지 않고 있었다. 다시는 만나지 못하리라는 걸 어렴풋이 깨우친 채로.

나의 어린 시절 낯선 어른들, 잠깐씩 가깝게 지내던 얼굴들, 이제는 모두 흩어졌지만 겨울의 거리 어딘가에 그대로 멈춰 있을 것만 같아서 나는 자꾸 뒤를 돌아본다. 낯선사람들의 노래를 들으며 다정했던 어른들을 애써 기억한다.

〈무대위에〉가 선사한 이야기 주머니에는 나의 옛 겨울 이야기가 그렇게 들어차 있어서 들을 때마다 쓸쓸히 곱씹게 된다. 낯선사람들 1집에 수록되기 전《우리노래전시회 4》에서 처음 선보인 〈무대위에〉를 들어보면 밝은 듯한 분위기와 "그대의 차가운 얼굴"이라는 노랫말이 대비되어 더욱이 풋풋하게 들리기도 한다. 무엇이 되기 전, 막 태어난 마음 그 자체다. 그래서 더 슬피 느껴지는 건 왜일까.

무대 위에 나를 보는 그대의 표정 없는 얼굴
무대 위에 나를 보는 그대의 차가운 그 얼굴

표정 없이 차갑기만 한 얼굴을 보면 한 시절에 작별을 고

할 수밖에 없을지 모른다. 홀로 마음에 담고 있던 이를 공연장에 초대한 날, 혼자 올 줄 알았던 그의 곁에 동행한 사람이 있다면 그날의 무대는 모든 얼굴이 차가운 무표정으로 보였으리라. 그 순간을 지켜본 고찬용은 그렇게 〈무대위에〉를 만들었다. 그리고 이 사연의 장본인인 이소라는 노랫말을 더하고 노래를 불렀다. 무대 위의 쓸쓸한 눈동자를, 그 잔잔히 코끝 시린 마음을 하나의 곡으로 만들어내다니. 나의 시리고도 따뜻한 한 시절도 노래가 될 수 있을까.

낯선사람들 1집을 순서대로 듣다가 〈무대위에〉 차례가 오면 그렇게 다시 겨울의 버스가 된다. 내게 남은 건 노래가 선사한 만큼의 시린 따뜻함이고 장갑처럼 감싸주던 옛 어른의 표정이다. 흔들흔들, 노래의 풍경을 따라 차분히 흔들린다.

이제는 피아노학원이 있던 시절로, 그리로 버스를 타고 갈 일이 없지만, 낯선사람들의 무대가 펼쳐졌던 대학로로 향하는 버스에 올라타 앨범 하나를 홀랑 다 듣는다. 이 노래를 온전히 듣기 위해 버스에 올랐다는 듯 희멀건 얼굴을 한 채로. 그건 어쩌면 만나고 싶지만 만날 수 없는 이를 만나기 위해 정확히 어디로 가면 좋을지를 영영 알 수 없기 때문일지도 모른다.

봄여름가을겨울이 부릅니다

〈외롭지만 혼자 걸을 수 있어〉

봄여름가을겨울의 옛 앨범을 듣기 위해 외출한 것처럼 버스에 올라타자마자 바쁘게 노래를 찾아 튼 겨울, 찬 공기도 옛것처럼 싱그럽기만 하다. 미래가 된 서울은 풍류의 지점이 사라졌지만, 버스가 고가를 오를 때 봄여름가을겨울의 노래를 들으면 낮은 길이 낮은 줄 모르던 옛 도시가 그려진다. 버스 밖 풍경에는 그때나 지금이나 그대로인 게 분명 하나쯤은 있지 않나. 딱 하나의 가장 옛것은 여기에서 무얼까, 버스 창가에 앉아 맨얼굴로 생각한다. 외롭지만 혼자 걸을 수 있다고 상쾌하게 말하는 두툼한 목소리가 이 길의 배경음악이 된다. 쓸쓸함 더해진 서울 하늘이, 그날의 감정에 양념으로 제대로 쓰인다.

휴일 낮에는 책을 읽으며 되도록 멍한 자세로 앉아 있고 싶고, 밤에는 영화에 집중한 채 이 시간을 천천히 음미하며 누워 있고 싶다. 별다른 일을 하지 않고 내내 쉬었던 어느 주말, 바깥에 나가 달리는 버스에 몸을 맡기는 대신 거실에서 봄여름가을겨울 노래들을 틀어놓고 만화책을 읽었다. 만화책을 쌓아두고 읽다 보면 방 분위기가 달라진다. 바나나 두 개를 까먹으면서 아껴둔 만화책을 읽다 보니 다른 일은 아무것도 하기 싫어졌다. 이 시간이 지금 내 현생에서 제일 재미있고 다른 재미있는 건 하기 싫다는 뜻이다.

만화책 속 웃긴 이야기가 흘러가며 갑자기 이런 대목이 나타났다. "줄곧 고개를 숙인 채 책만 읽었더니 어느 사이엔가 외톨이가 되어 있었다."♪

창문 풍경에 덜렁 걸려 있는 문장 한 줄. 노래도 어떻게든 이 분위기에 끼고 싶었는지 마침 〈외롭지만 혼자 걸을 수 있어〉가 흘렀다. 만화 한 페이지와 노랫말 한 줄이 만났다. '줄곧 고개를 숙인 채 책만 읽었더니 어느 사이엔가 외톨이가 되어 있었다. 외롭지만 혼자 걸을 수 있어.' 어디에도 안 나가고 동거인과 키키와 셋이 따로 앉아 각자의 시간을 보내던 주말 한때를 표현하는 적확한 문장이었다.

♪ 와야마 야마, 『빠졌어, 너에게』, 김진희 옮김, 문학동네, 2021, 35쪽.

〈외롭지만 혼자 걸을 수 있어〉의 인트로가 좋다. 앉았다 일어나면서 찌뿌둥한 몸 여기저기를 내 주먹으로 툭툭툭 쳐대는 듯하다. 좀 움직여볼까 하고 일어났을 때 표정에 드러나진 않지만 기대되는 마음가짐 같은 박자다. 봄여름가을겨울은 옛 감각을 느끼게 해주는 좋은 노래 친구다. 오래된 도시의 화창한 아침이 그려지기도 하고, 외로웠던 밤이 저물고 혼자 걸을 밝은 아침이 그려지기도 한다. 80~90년대에 흐른 다른 노래들과 마찬가지로 제때에 즐기지 못했지만 〈Bravo My Life〉라면 다르다.

〈Bravo My Life〉는 내가 고등학생 1학년 때 나온 곡으로, 방과후에 친구들과 노래방에 가면 꼭 부르는 노래 중 하나였다. 그 무렵 같은 학급 친구에 의해 나간 반팅을 계기로 옆 학교 남자 아이들과도 종종 노래방에 갔고, 그때도 이 노래를 불렀다. 당시에는 어린 내가 부르기에 웃기다고 생각해서 불렀는데 지금은 글쎄, 굳이 듣고 싶진 않다. 아직은 챙겨 듣고 싶지 않달까. 완연한 중년이 됐을 때 즐겨 듣기 위해 일단은 감춰두고 싶은지도 모르겠다. 아직 고등학생의 마음으로, 그보다 옛 시절에 울려 퍼진 노래를 듣는다.

고등학생 아이들이 모여 '내 인생 브라보'라며 외치는 모습은 확실히 귀엽다. 안 맞는 옷이라서 웃기다는 걸 잘도 알아보며 지냈구나 싶다. 〈Bravo My Life〉처럼 즐겨 부르던 곡은 델리스파이스의 〈고백〉이었다. 〈고백〉은 모르는 아이들 사이에서 첫 곡으로 부르고 빠지기 좋은 노래였고, 후렴은 모두가 따라 불러 힘을 빼기도 좋았다. 어느 날, 반팅 이후 나를 마음에 들어 하는 애가 있어서 연락처를 알려줬다는 소식을 반 친구에게 들었을 때, 계속되는 그런 텅 빈 만남과 주말에 지쳐 부쩍 외톨이처럼 앉아 있던 내 얼굴을 떠올렸다. 그 아이가 아마 사람을 착각한 게 아닐까 합리적 의심을 하며 그새 마음을 놓았다.

며칠 뒤, 역 앞 아이스크림 가게에서 기다리고 있으니 나와달라는 연락을 받았던 날, 나는 그만 내가 부른 노래가 뭐였는지 기억하느냐고 물었다. 과연 별걸 다 기억하는 노영심 키즈. "델리스파이스, 고백." 돌아오는 확고한 답에 나는 마음이 바빠졌다. 두근거려서 바쁜 게 아니라 바쁘다는 핑계를 대면서 나가고 싶지 않았다. 고맙다, 그런데 지금 너무 바빠서 당분간은 역 앞에 갈 일이 없을 것 같다……. 학생에게 바쁘다는 핑계가 먹힐 리가 없었겠지만 대강 둘러대며 거절했고, 집에서 빈둥거리며 누워서는 그 애가 혼자 앉아 있을 아이스크림 가게를 너무나도 상세히 상상하고 있던 나였다. 만약 갔다면 어떤 아이스크림을 먹었을까. 콘일까, 컵일까. 나는 그런 것만 궁금했다.

'외롭지만 혼자 걸을 수 있어'가 아니라, '외로우니까 혼자 걸을 수 있어'의 인생이 그때에도 피어나고 있었다.

지금도 나는 갖은 핑계를 대면서 대체로 홀로 지낸다. 종이로 된 책이랑 친구 먹고 집에 있거나, 좋아하는 노래와 버스를 타고 돌아다니다 귀가한다. 동거인과 한 지붕 아래 있으면서도 같이 산다는 감각과 혼자 지낸다는 감각을 동시에 지니는 건 과연 어려운 일임을 절감한다. 혼자의 시간을 몸과 마음이 인식할 정도로 한껏 가져야만 하는 점이 같은 사람이기에 함께 살 수 있다.

봄여름가을겨울을 차근차근 알고 싶은 사람이 있다면 역시 1집부터 추천하고 싶다. 하나의 앨범에 1년처럼 봄, 여름, 가을, 겨울의 연주곡들이 알맞게 자리하고 있다. 봄을 맡은 〈항상 기뻐하는 사람들〉은 제목부터 마음에 드는 데다 시작하자마자 봄여름가을겨울이라는 무대를 어찌 선보이고 싶은지 뜨겁게 알린다. 팡! 하고 튀겨지듯 돋아나고 피어난 것들을 2번 트랙부터는 나직하게 즐겨나간다. 봄여름가을 겨울이 있는 이 세상이 참 좋다 싶어 그 무엇과도 〈헤어지긴 정말로 싫어〉지는 기분이 된다. 이 앨범을 쭈욱 들으며 버스로 서울을 한 바퀴 돌아 집에 도착하면 옛 도시의 정취가 먼지만큼은 내게 묻어 있는 듯하다.

송창식이 부릅니다

〈밤눈〉

전시차 도쿄 출국을 며칠 남겨두고 다시 종이 앞에 앉았다. 크리스마스 다음 날 출발이니 내게 이 크리스마스는 평소의 크리스마스가 아니었다. 할 일을 다 마친, 가져갈 짐을 모두 챙긴 크리스마스여야만 했다. 숨찬 겨울을 보냈지만 그 때문에 겨울의 면면을 놓쳤다며 아쉬운 소리를 하고 싶진 않았다. 해내야 하는 게 많을수록 엉뚱한 데에 마음과 시간을 쓰고 싶었다. 그런 계절로 덧입히고 싶었다. 그래서일까, 도쿄의 작은 책방에 걸릴 그림들을 하나하나 꽁꽁 포장까지 마쳤는데도 그리고 싶은 그림 하나가 책상 위에 밤눈처럼 소복하게 내려앉았다.

글을 짓거나 그림을 그리면 제목이 필요하다. 책도 음악도 그렇다. 가만히 있는 것들에 부를 이름을 붙여주는 마음이 좋다. 제목을 정하느라 며칠을 골몰하는 마음들도 좋다.

어떤 이는 모든 걸 매듭지은 후에야 어렵게 제목을 붙이지만, 어떤 이는 시작도 하기 전에 부푼 마음 앞세워 제목 먼저 부르며 지낸다. 나는 후자에 가깝다. 해야 해서 하는 일도 많지만 대체로 하고 싶어서 일단 해보는 일투성이다. 먼저 부풀 대로 부풀어봐서 그런지 상상보다 멀건 결과를 멀뚱멀뚱하게 맞닥뜨리는 편이다. 번뜩 떠오른 표현이 근사하게 느껴져 한번 손으로 적어보면 생각보다는 문장력이 약해 보이는 것처럼, 언제나 번뜩 찾아온 그 순간만이 반짝이는 경우가 많다. 오히려 그렇기에 나는 시작하길 잘한다.

마침 겨울이라 송창식 앨범 하나를 때에 따라 나눠 들었다. 마음 맞는 이들과 모이기로 약속한 날. 송년회니 망년회니 그런 이름으로 또 한 번 모이기로 작정한, 춥고 그렇기에 따뜻하다 말하는 날이었다. 도보로 갈 수 있는 술집까지 외투를 껴안듯이 둘러매고서 〈손을 잡고 걸어요〉를 들었다. 누군가를 만나더라도 항상 그 사람의 손을 잡는 건 아니지만, 또 어떤 이야기를 나누다 보면 손을 잡는 건 물론 한번 안아보게 되는 게 겨울의 만남이다. 노래가 시작되면 술 마시러 가는 길 위에 주제가가 깔린다.

송창식의 목소리는 오늘의 만남에 조명 하나를 덜렁 내어 주는 것 같다. 겨울에 만나 술잔을 기울이는 사이를 '따뜻한 사람끼리'라고 명명하는 나의 겨울이 좋아진다.

난생처음 기차를 타고 먼 지역으로 북 토크를 하러 갔던 날 밤에는 〈새는〉을 반복해 들으며 서울역으로 돌아왔다. 당일 출장을 다녀오며 새삼 고속철도를 타는 사람이 많다는 걸 알았다. 오랜만에 고향집에 가기 위해 이동하는 기분은 어떨까. 불현듯 다녀왔다고 생각하면서 문득 어른이 되고 멀어지고 싶었던 것과 가까스로 아득해졌다 하며 안심하기도 할까. 그 거리감은 그 사람을 살게 했을까. 서울에서 간격이 좁은 삶만을 달려온 나의 시야에 기차 안의 삶들이 넓게 들어왔다.

새는 날아가는 곳도 모르면서 자꾸만 날아간다는 노랫말 속 '새' 자리에 사람을 넣어보기도 했다. 잔뜩 어두워진 차창에 영원처럼 되비치는 내 눈동자를 바라보았다.

크리스마스를 며칠 남긴 그날은 충분히 바빴고 그래서 그림을 그릴 생각도 그럴 힘도 없었지만 귓가에 〈밤눈〉이 무심히 흘러들었다. 〈밤눈〉 한 곡이 작업실 방을 가득 채울 때 제목 하나가 떠오른 것이다.

'눈이 오면 나타나는.'

눈 내리는 풍경을 보거나 눈이 온다는 말을 들으면 반사적으로 개 생각이 난다. 〈밤눈〉은 그 겨울의 내게 겨울의 노래이자 개의 노래였다. 그즈음 나는 나를 위해 개가 나오는 시를 계속 써보자 작정을 했고, 개가 들어가는 문장을 울지도 않고 잘도 써 내려갔다. 그건 키키의 이야기이기도 했고, 이제는 투명하게 남은 옛 개들의 이야기이기도 했다. 개에 대한 시를 써서 동거인에게 보여주면 개는 늘 울었고, 나는 딱 한 명만 울리는 우리 집 시인이 되었다. 시라고 착각하고 쓰면 슬픈 말에도 눈물이 흐르지 않았다. 저만치 가버린 어느 날처럼 아무렇지 않았다.

힘껏 달리기를 좋아하는, 특히 한겨울에 아무도 밟지 않은 눈 위를 달리기를 좋아하는 키키와 살면서 나에게 겨울은 쉬지 않고 눈 위를 달리는 계절로 자리했다. 우리는 발자국을 부지런히 찍어야 하는 일자리에 취직한 것처럼 열심이었고, 그렇게 눈 위를 밟아 번 돈으로 행복을 얻는 것만 같았다. 눈이 쌓이는 날은 그걸 되도록 많이 밟아 우리만의 발자국을 남기는 일을 하는 날.

눈 내리는 우리의 밤을 오래 보냈으면서도 요즘의 나는 부쩍 더는 같이 찍히지 않을 아주 작은 발자국을 미리 걱정했다. 〈밤눈〉의 노랫말은 꼭 우리만의 겨울을 추억하는 소리 같았다. 차가워질 대로 차가워진 나의 어느 마음은 분명히 오게 될 그 첫 겨울, 작은 발이 저 혼자만 일을 쉬는 어느 겨울로 먼저 가서 노래를 띄우고 있다.

"한 발짝 두 발짝 멀리도 왔네."

우리 참 이 겨울까지 멀리도 왔네. 나의 개와 나누는 겨울의 후기가 곡 하나에 담백하게 들어 있다. 〈밤눈〉 하나만 반복해서 들으며 고개를 숙였다. 얼마나 지났을까. 종이 위에 눈으로 그린 그림이 선명히 보였다. 키키 같기도 한, 이때껏 만난 모든 개들 같기도 한, 개로 살다가 간, 아주 커다란 눈송이 같은 북실북실한 어느 친구가 아무도 모르게 다가와서는 빈 종이를 포실포실 채우고 있었다. 아픔이 녹아드는 면을 악보 위에 쌓아 노래한 송창식의 요령을 나는 종이 위에 부려보기 시작했다. '눈이 오면 나타나는'이라 이름 붙인 그림을 마지막으로 전시 준비는 마침표를 찍었다.

송창식이 부르는 노래는 두툼한 붓으로 번지게 그린 먹선 같다. 어느 계절이더라도 가만히 고여 있지 않고 가볍게라도 일렁이는 숲 같은 노래들. 못 듣고 지나칠 사람에게까지면 웃음을 보내며, 노래에 다가온 사람에게는 어떻게 들어도 좋으니 편히 머물다 가라 한다.

〈밤눈〉은 그런 숲 중에서도 눈이 그득하게 쌓여 일순간 조용해진 숲 같다. 겨울의 숲 소리를 들으면 쉬운 표현으로 흘러가는 노랫말이 선명해진다. 고향집을 그리워하는 옛사람을, 세상에 저항하고 삶에 치열하던 옛사람을, 다닥다닥 가난하게 모여 살던 옛사람을 흰 벌판에 세워본다. 이제는 그 흰 벌판에 나의 그림처럼 개를 그리워하는 나도 세워본다. 흩날리지 않고 내게로만 쏟아지는 듯한 눈발을 올려다보는 나를 닮은 사람을. 눈이 오면 나타나는 이들을 만나기 위해 일부러 거길 가는 마음을 흰 벌판에 세워본다.

무사히 전시를 열고 돌아와 책상 앞에 앉았다. 크리스마스도 한 해의 마지막 날도 새해 첫날도 지나버렸지만 겨울은 겨울이고 눈 소식도 이어졌다. '그림 스캔해서 가져가기.' 떠나기 전 책상에 붙여둔 작은 메모를 다시금 읽으니 여기엔 더는 없는 나의 그림을 짐작하게 된다. 그림은 아직 전시장에서 나인 척하고 있다.

오픈 날에 가장 먼저 판매된 그림은 〈밤눈〉 한 곡만을 들으며 그렸던 〈눈이 오면 나타나는〉이었다. 내가 그린 그림을 자기만의 생활 영역에 간직하려는 사람이 이 세상에 있다는 사실은 내게 큰 응원과 힘이 되지만, 마음을 다해 애써 그린 그림과 안녕 하는 일은 앞으로도 쉽지 않겠구나 싶었다. 나는 내 그림을 정말 좋아한다는 사실과 함께, 그림과 이별하기 싫어한다는 마음 또한 인정했다.

메모를 떼려는 순간, 혹시나 하는 마음에 컴퓨터의 그림 폴더를 열어보았다. 아뿔싸. 마지막에 그린 〈눈이 오면 나타나는〉은 어디에도 없었다. 그것만 없었다. 이미 그림과 영영 이별을 했고 해후조차 기대할 수 없는 터라 얼굴이 새빨개졌다. 어느 집에 가게 됐는지 알아봤자 그림 보러 왔다고 초인종을 누를 수도 없는 일이었다. 아직 전시는 진행 중이었지만 나는 거기에 없었다. 스캐너를 들고 바다를 건너는 상상을 하며 눈망울에 바다 하나를 다 삼키다 잠들곤 했다.

결국 같이 전시를 한 친구 아베 류이치에게 부탁해서 스캔 파일을 받았다. 나의 부탁에 친구는 정말 큰일이다 하며 며칠 안에 정성스레 스캔을 마쳐 두 개의 파일을 보내주었다. 클릭 두 번에 이제는 내 것이 아닌 그림이 가득 나타났다. 엉뚱하게 보내고 싶던 겨울이 '여기까지네' 하는 것 같았다.

나의 그림들은 새로운 여정을 떠났다. 더는 만질 수 있는 그림은 없지만 그런 기억과 그림의 제목들은 내게 남았다. 세상에서 만난 친구들과도 서로 자국을 남기며 투명값의 존재감을 영원토록 뽐낼 것이다. 어느 순간에 조용히 나타나 준, 무심코 〈밤눈〉이 흘렀던 크리스마스를 며칠 앞둔 날처럼 말이다.

김창완이 부릅니다
〈식어버린 차〉

김창완의 첫 독집 《기타가 있는 수필》은 내게 이렇게 들리기 시작했다. 인생사의 쓸쓸함에 괜히 끼어들기 좋은 젊은 나이에 호젓한 마음을 안고 그려본, 오늘과 훗날에 대한 조출한 상상화. 여기서 말하는 조촐함이란 아담하고 깨끗함을 뜻한다.

유달리 읊조리듯 부르는 두 곡이 있다. 1983년에 발표한 〈꿈〉과 2020년에 발표한 〈시간〉을 연달아 듣고 있으면 이 긴 시간의 간극을 이토록 좁디좁게 붙여도 되는 걸까 싶어 두 눈이 절로 감긴다. 두 노래 속에 등장하는 공주와 왕자는 사는 벌판의 색감부터 다른데 그래도 모두들 거기에서 어울리게 움직인다. 빛을 너무 오랫동안 받아 바랜 종이가 새 종이 곁에 놓일 때 두 종이가 각각 유별나게 보이는 것처럼.

〈시간〉은 문을 꼭 닫은 사람이 입을 연다. '공주와 왕자는 사실 없었을지도 모릅니다' 하고 밝히는 동화작가의 솔직한 고백을 듣는 것만 같다. 계속 살며 계속한다는 것은 이토록이나 유의미하다. 계속한다는 건 계속 헤매고 있다는 자기 고백이다.

20세기에서 21세기로 건너온 동화작가는 이제 이런 이야기를 하고 싶어 하는 것만 같은데. '나만의 사랑이 있던 옛 시간을 어떻게 안아 들 것이며 내일이라는 책을 어찌 펼칠 것인가?'

산울림 활동이 아닌 김창완 이름으로 선보인《기타가 있는 수필》. 내심 홀로 불러보았을 노래들은 산울림이라는 울창한 마을 속 김창완이라는 단칸방처럼 아늑한 아름다움이 느껴지고, 꺼내 보인 이상 투명히 비칠 수밖에 없는 일상의 반짝임이 깃들어 있다. 작은 나에게 꽉 찬 너의 큰 사랑, 자다가 깬 밤에 만난 사랑, 나의 구석짐에 대한 내 사랑, 기억하고 싶은 세상에 대한 사랑. 그런 사랑 안에 둘러싸여 나다움으로 넘실대는 서정적인 포크 앨범이다.

그 속에는 지금까지 살아낸 짧다면 짧은 시간을, 담뿍 다 살아 느낀 일상을, 가는 세월과 오는 세월을, 어떻게 상상하고 희망했는지 엿보인다. 먼지처럼 작고 사라지기 쉬운 것들을 되도록 성근한 시선으로 아껴 바라봤구나. 그 풍경을 한 곡 한 곡으로 옮겨두었다. 나이가 들어 슬퍼질 감정은 한 사람 고유의 몫이라 떠나온 마음이 되지 않으면 알 수가 없지만, 실컷 궁금해할 수는 있다. 나만의 슬픔이 훗날 나의 어디를 찌를지를.

죽음을 그린 〈내 방을 흰색으로 칠해주오〉는 시를 쓰듯 에두르는 마음 담아 상실된 자의 목소리를 노래한다. 가버린 소중한 어떤 이가 자신의 방을 흰색으로 칠해달라 말한다면 내 마음이 어떨까. 동네 어귀에서 듣던 그릇 소리를 초인종으로 써달라고 부탁한다면 또 내 마음이 어떨까 상상하게 된다. 텅 빈 곳을 꼭 껴안으면 한없이 편해지고, 내려앉은 내 슬픔엔 다들 꽃이 되었다고 떠들리라 노래하는 누군가를, 죽은 이의 마음을 부드러운 곡으로 접한다.

밤 외출 길 마을버스에 올라타며 〈식어버린 차〉를 종종 들었다. 버스가 막 출발하며 동네를 벗어날 때 듣는 인트로에는 꼼꼼한 손바느질로 만든 주머니처럼 단단한 부드러움이 있다. 〈식어버린 차〉를 부르는 목소리는 희망찬 물약을 마신 이처럼 맑디맑고 어째 기분도 좋아 보인다.

따뜻한 차가 아닌 식어버린 차. 기다려도 오지 않을 것을 기다리다가 그만 다 식은 차를 마시면서 쓰디쓰게 울었다는 이가 고개 숙이긴커녕 하늘을 올려다보며 새 한 마리를 온통 자기를 위한 은유로 쓴다. 노랫말과 목소리가 만들어낸 상충된 분위기가 좋아 《기타가 있는 수필》 수록곡 중 단연 많이 들은 곡이다.

그가 무얼 기다린지는 모르지만 차 한 잔이 식을 때까지 시간을 다 써버릴 만큼 아끼는 것이었음을 짐작할 수 있는데, "넓은 들에 한 포기 들풀로 남아도 영원히 간직하리" 하며 다짐해버리는 마지막 노랫말에 그만 지치지 말고 계속 기다리라 응원하게 된달까. 만져지지도 않을 무언가를 위해 분주히 움직이는 작은 손에 힘을 빼지 말았으면 하고 노래를 가만히 바라본다.

2023년 발표한 앨범 《나는 지구인이다》 속 〈식어버린 차〉는 기타 연주 시작부터 완전히 다른 차, 다른 기다림이다. 같은 날 창문에 붙여둔 종이와 책 속에 끼워둔 종이를 훗날 마주 댄 것처럼 두 곡은 다른 색을 낸다. 결국 같은 이야기를 하는 두 사람이 서로를 보지 않은 채 등을 돌리고 앉아 있다. 노래 속 들풀의 의미 또한 다르게 느껴지는 건, 온전히 시간차를 두고 두 곡을 동시에 감상하는 나의 몫인가 한다.

다가올 내일의 간격이 좁게만 느껴지고, 오늘까지의 시간을 기억하기엔 내가 너무 작아진 나이. 노인의 나이로 느끼는 고유한 슬픔은 그 나이가 되지 않는 한 느낄 수가 없다. 그저 지금의 김창완은 자신의 첫 독집《기타가 있는 수필》을 어떻게 들을지 궁금해하면서, 그런 필터를 한 겹 더해 차근차근 노래를 듣는다. 계속해서 지난날을 돌아보며 한 걸음씩 나아가며 지은 노래들을 들으면서 노인의 길을 상상한다. 그의 노래는 이 길에 놓인 벤치들이다. 김창완이 걸어왔을, 그리고 돌이켜 보며 다시 추억할 청춘의 벤치들.

노인 혼자만 나이 드나? 우리도, 나도 나이 든다.

김창완의 나직한 목소리를 떠올리면 순식간에 주변 소리가 없어진다. 고등학생 시절 오전 수업은 유독 조용했다. 다닥다닥 앉은 교실 안에서 턱을 괴고 김창완의 라디오를 몰래 듣던 아침이 내게 있었다. 오늘의 아침과 완벽히 멀어진

아침이.

한쪽 귀로 듣던 아침 라디오는 이젠 남의 것처럼 느껴지는데, 그렇게까지 몰래 들을 일이 사라진 요즘의 나는 어째서 옛 아침들이 그립기만 할까. 그립긴 해도 그 기억으로 외롭지가 않지. 이어폰 한쪽을 겨드랑이 아래로 통과해 팔뚝을 지나 소매로 빼내 귀에 꽂아 소중히 들었던 아침이 있었고, 그 아침의 이른 목소리는 내게 영원히 보석처럼 남을 테니까. 어느 어둑한 아침에 떠올려도 환하게 그릴 수 있는 기억이다. 물론 수학 선생님께는 두고두고 죄송하지만.

나보다 어린 이에게《기타가 있는 수필》과《나는 지구인이다》를 오고 가며 듣는 이의 마음을 전하고 싶다. 나이 드는 것은 슬픈 일이지. 그런데 원래 사는 건 슬픈 일이 맞지. 젊을 때도 슬프고 늙을 때도 슬프지. 하지만 너만 아는 보석이 있잖아. 받고 주고 모으던 사랑을 계속 달게 떠올리자. 너무 많은 오늘들을 지났다고 내일을 시시해하지 말자. 모르겠는 마음 담아 조촐한 상상화를 그리자. 미처 완성하지 못할 상상화를. 내가 무슨 색을 좋아했는지를 기억할 수 있도록.

다른 사람은 모르는 예쁜 스케치를 잔뜩 그리는 '내 화가'가 되자. '기타로 그린 수필' 같은 그림을 남기자.

김창완은 여전히 산울림 모양의 지붕 아래 산다. 다 함께 통나무를 잘라다가 올려 만든 집에서 김창완으로 산다. 집을 지으며 내던 망치질 소리 하나하나 다 기억하며 사는 것만 같다. 《기타가 있는 수필》 엘피 뒷면에는 혼자 알아보고 싶다는 듯 표시해둔 암호가 있다. 세모 안에 든 '김창완' 이름 석 자와 세모의 손을 잡고 있는 이응, 그리고 리을. 세모와 이응과 리을이 산울림으로 보이는 마법. 그런 비밀을 나눠주고 혼자 웃는 어른. 손수 지어 보이던 웃음 앞에서 머뭇거리지 않는, 그런 노인이 되고 싶다. 그럴 수 있는지 보려고 살고 싶다.

산울림이 부릅니다

〈슬픈 장난감〉

86년도의 모든 계절은 내 생의 첫 계절이었다. 태어난 연도가 적힌 동전이 우연히 손에 들어와도 내심 기뻐하는 게 인간인데, 내 삶과 동시에 울려 퍼지기 시작한 노래를 듣는다면 어떨까. 산울림의 11집을 유독 애틋하게 듣는 건 이런 이유만은 아니겠지만, 누워서도 하루를 꽉 차게 보냈을 86년도의 나를 떠올리기에 이 앨범만큼 어울리는 음악은 또 없다. 일상적으로 일상의 모든 걸 기록하며 살던 시대가 아니었던 덕분에 나는 아기였던 시절 자장가를 한번 뭉뚱그려본다. 이 곡이 자장가였다면 하고 상상해보는 것만으로도 어디에도 남아 있지 않은 어느 밤, 잠에 들기 시작한 내 앞이마가 노래에 반사돼 보이는 듯하다. 여전히 나의 집 작은 수납장에 간직하고 있는 이불, 탄생 기념으로 외할머니에게 받은 분홍색 모포를 내 작은 몸 밑에 깔아본다. 두꺼운 모포에는 다람쥐 친구와 토끼 친구가 꿈나라 길을 안내하고 있다.

자장가를 부르는 마음은 오늘의 별을 올려다보며 내일의 해도 담뿍 맞게 해달라고 바라는 마음이다. 자장가를 듣는 아이는 머리털을 쓰다듬는 손길의 쓰담쓰담 속도를 보폭 삼아 아무것도 모른 채 잠의 길로 들어선다. 이만큼 살았으나 여전히 나의 아이는 없는 내 생에서는 내가 나의 자장가를 고르며 꿈꾼다. 속삭이듯 읊조리는 노래를 틀어놓고 내 잠에 빠진다.

뭉툭한 실로폰 소리로 시작하는 〈슬픈 장난감〉은 어른의 하루를 마감하고 듣기엔 오늘만의 슬픔을 잠재우는 노래로 들리지만, 한때 나만의 자장가라고 생각하면 한층 다감하게 다가온다. 지친 하루를 보내고 집에 돌아와 다 내던지듯 옷을 갈아입는 지금의 내게도 쉬이 달라와 붙지만, 쌕쌕 소리를 내며 잠에 빠지는 작디작은 뒤통수를 바라보는 눈웃음이 지어진다. 다정한 이의 시선으로 나를 내려다보는 고개 숙인 마음이 더해지는 것이다. 무사히 잠들었을 그 무수한 밤들을 이제야 다행이라 느끼며, 나를 바라봐주던 어른들을 올려다본다.

산울림의 노래들은 소박해도 그득했던 한 시절의 분위기를 풍긴다. 낮엔 악도 잘 쓰고 밤이면 잠도 잘 자는 아이처럼 씩씩하고도 애틋하다. 산울림은 어느 먼 계절로 날아가 그날의 시기적절함을 먼저 공부해둔 듯이 새로운 바람들을 우리에게 들려주었다. 내 생에 산울림 노래가 내내 있는 건 내게 좋은 어른이 어딘가에 항상 있다는 걸 의미했다. 나에게 산울림의 의미는 그렇다.

산울림 노래는 그냥 아무렇게나 접하는 게 재미있다. 제목이든 발매 연도든 앨범 커버 그림이나 색감이든 끌리는 대로 들어보라 하고 싶다. 종일 뛰어놀던 자신의 어린 얼굴이 저 밑에서 올라오기도 할 것이고, 별이 뭔지 지구가 다 뭔지 싶어 나 홀로 골몰하던 교실로 돌아가보게도 할 것이며, 밤새 못된 짓을 하고 들어와 할머니에게 혼이 나던 다 큰 삼촌과 눈 마주치던 우스운 눈빛이 지어지기도 할 테다. 잠들고 싶던 마음과 잠들고 싶지 않던 마음이 나란한 산울림의 앨범들은 진짜 이름은 모르지만 괜히 이름을 지어보고 싶은 별처럼 찰나의 반짝임을 선사한다.

옛 음악을 듣다 보면 등장하는 '앞서가는 음악'이라는 표현이 산울림, 김창완의 음악에도 따라붙는다. 앞서가는 음악이란 어딜 혼자 먼저 다녀온 노래이기도 하면서, 홀로 돌보던 어린 마음을 오늘날에도 가꾸는 자기 생의 정원가가 부르는 노래가 아닐까. 내 시절을 영원토록 매만지는 이는 온 세상에 다정할 수 있다. 한 시절 분명했을 다정함은 꼭 그런 운율이 되어 끝까지 가까운 온기가 되어준다.

자장가였으면 하는 노래를 모아보다 문득 불러보기 시작했다. 하루 서너 번의 산책 외에는 대체로 누워 지내는 키키에게 다가가 쓰담쓰담 털을 만지며 말을 건다. 키키에게 불러주고 싶은 노랫말은 어렵지 않게 모았지만 잠에 드는 키키를 내려다보며 목소리를 내는 데까지는 시간이 걸렸다. 특정 노랫말에 울어버리고 콧물을 삼키면 키키는 잠에 들지 않고 나를 올려다본다. 아이에게 자장가를 부르는 데에도 연습이 필요할지 모르겠다는 생각을 나는 키키를 내려다보며 처음 해보았다.

어느 날, 울기 바쁜 마음 위로 어떤 돌이 놓였는지는 몰라도 더 이상 눈물이 나지 않았다. 슬픔 또한 매만져지는 존재라면 그걸 오늘도 내일도 계속해서 만져보는 마음으로 나는 키키를 내려다보면서 이 슬픔을 연습해보았다. 막힘없이 부르는 내 노래에 키키는 느린 춤을 추듯이 잠의 길로 들어선다. 키키의 자장가로는 주로 유재하의 〈그대 내 품에〉 그리고 노영심의 〈Thank You〉를 불러준다. 차근차근 이어 부르며 털을 감싸면 언제 꼬였는지 그새 딱딱해진 털들에 웃음까지 지어진다. 몰래 핥아댔을 키키의 집중한 혓바닥이 생각난다.

자장가는 아무 걱정 없이 잠들기를 바라는 마음만이 목소리가 되어 밤을 채우는 우리만의 신기루. 너만을 위해 뜨는 별과 해가 내일도 내가 아닌 너에게 되도록 내리기를 바라는 마음이 이 잠자리를 맴돌아 우리 방 모양의 오르골을 만든다. 너는 아무것도 몰라라. 활짝 편 갈매기 날개를 닮은 웃음이 오늘도 그렇게 지어진다. 이렇게 사는 지금의 나에게 나는 〈슬픈 장난감〉을 자장가로 불러주고 싶어진다. 〈슬픈 장난감〉은 어느새 '슬픔은 장난감'이란 제목의 자장가로 내게 자리했다.

산울림 11집을 쭉 듣다 보면 일찍이 기억하고 있다는 듯

몸 여기저기가 반응하는 곡이 따로 있다. 뚜 두 딩 띵 실로폰 소리로 시작하는 〈슬픈 장난감〉이 아닌 우뚜 우뚜뚜 뚜 하고 시작하는 〈가지 마〉다. 내가 자란 우리 집이라면 그 가을 가장 자주 듣던 곡은 〈슬픈 장난감〉보다는 〈가지 마〉가 어울린다. 베이스 소리는 가장 먼 곳까지 뻗어나가는 악기다. 라이브를 보다가 공연장을 잠깐 나와 계단에 앉아 있으면 건물 벽을 타고서 거기까지 둥 둥 자기 몫을 내던지는 게 베이스의 힘이라 믿게 된다. 노래가 시작되자마자 온몸이 이 노래를 아는 척한다. 한 앨범 안에 이상의 자장가와 현실의 자장가가 함께한다. 곱디고운 자장가를 꿈꾸며 큰 나와, 듣는 이를 가만 냅둘 생각이 없는 노래를 듣고 큰 나.

〈슬픈 장난감〉 노랫말의 마지막 구절처럼 더없이 외로운 하루도 해가 지면 사라지고, 그날의 마음에 따라 내일에 대한 기다림이 없어지는 것. 나이가 들며 기다림 없이도 오는 밤에 대한 감상이 얼핏 달라진다. 자장가를 듣던 시절에는 알 수 없던 저문 하루의 노을빛을, 그 먼 길 온 슬픔을 더없이 외롭게 받아들이는 마음이 되어 나의 자장가를 고른다.

이제는 어른이기만 한 나를 어떤 노래의 결로 재우고 싶은지, 이 질문은 나를 다사롭게 보게 한다.

달빛요정역전만루홈런이 부릅니다 〈절룩거리네〉

시간이 흘러도 아물지 않는 상처
보석처럼 빛나던 아름다웠던 그대

달빛요정역전만루홈런 1집에 수록된 〈절룩거리네〉를 다시 꺼내 듣는 여기는 더는 그가 없는 홍대의 마을. 《신해철의 고스트네이션》 인디 차트에서 〈절룩거리네〉를 처음 들었던 밤, 홀로 방에 앉아 노래를 지었을 어느 음악가를 떠올렸다. 이제 그는 없고 시간은 이렇게나 흘렀고 시내버스는 아직 있지만 그가 주로 탔을 361번 버스는 7011번으로 바뀌어 여전히 홍대 앞 와우산로를 달린다.

시내버스에서 오늘도 〈절룩거리네〉 제목에 손을 갖다 댄다. 노랫말이 시작되기도 전에 곧 나올 가사로 그를 추억하면서. 아무리 미래가 되어도 잊히지 않을, 보석처럼 아름다운 사람. 달빛요정이 지은 노랫말은 지금도 그의 노래를 듣는 사람들을 태우며 달린다.

달빛요정의 〈절룩거리네〉가 처음으로 인디 차트에 진입했던 밤, 2층 침대 위엔 오빠가 누워 있었다. 여자 고등학생이 된 나와 남자 대학생이 된 오빠는 그때까지도 반지하 방 하나를 같이 썼다. 친한 사람과 있을 때만 수다쟁이가 되던 나와, 누구와도 말이 많았던 오빠는 매일 밤 질리지도 않게 떠들었다. 한 명은 바닥 가까이에서, 한 명은 천장 가까이에서.

방 셋짜리 반지하에서 방 하나당 두 명씩 지냈다. 너무 많은 사람이 있었고, 그래서인지 나는 너무 많은 사람이 있을 때면 외로워지는 사람으로 자라났다. 언제나 많을수록 좋은 건 적게 주어졌고, 적을수록 좋은 건 보란 듯이 너무 없었다. 그래도 좋아하는 건 많았다. 그래서 많았을지도 모르겠다. 무언가를 좋아하고 싶은 마음은 생존 영역인지도 모른다.

오빠는 평소에는 별거 아닌 일에도 신이 난 듯 내게 핀잔을 해대고 모욕을 일삼았지만, 내가 듣고자 하는 심야 라디오를 단 하루도 거르지 않고 들어주었다. 시끄럽다는 소리도 하지 않았으며 라디오에 나오는 이야기를 같이 나누기도 했다. 기왕이면 많은 이에게 사랑받는 문화를 향유하고자 하는 이와, 나만 알아보는 무언가에 심취했던 이가 같은 방에서 다른 꿈을 꿨다.

포크송은 슬퍼서 듣기 싫어하던 오빠에게 〈절룩거리네〉는 애써 외면하고 싶은 면이 다분한 곡이었다. 오빠는 사이먼 앤 가펑클 노래만 틀어도 눈물이 날 것 같다며 끄라고 했고, 포크송을 자주 듣는 내게 이렇게 말했다. "너는 마음 편해서 참 좋겠다." 그러면서도 자기만의 사랑 문제로 힘이 들 때면 가족이 다 있는 좁은 방에서도 크게 울었고, 와중에 가장 슬픈 노래를 울면서 틀기도 했다. 오빠와 나는 같은 집에서 매일 웃고 떠들며 살아도 슬픔의 겉과 안은 다르게 자랐다.

오빠에 반해 나는 개인의 슬픔에 무감각한 상태로 오래 살았다. 그러면서도 가난 위에 누워 듣는 라디오 속 처절함을 더욱이 내 것으로 삼고 싶어 했던 것 같다. 이미 〈절룩거리네〉라는 제목만으로도 눈썹을 반쯤 내리면서 쓴 맥주에 감명한 어른처럼 기쁜 표정을 지었다. 누가 나 대신 내 이야기를 해준 것처럼 반가울 때 취향의 꽃이 피어났고 그럴 때

걷고 싶은 길이 생겨났다.

《고스트네이션》 인디 차트에 처음으로 〈절룩거리네〉가 등장했던 날, 달빛요정 님이 관리하는 공식 홈페이지에서 시디를 주문했다. 게시판에 글을 남기면 가내수공업 시스템으로 포장한 시디에 손수 사인까지 해서 보내준다나. 당시 나는 라디오에 사연을 자주 써서 방송사 이름이 각인된 시계나 노트 같은 걸 꽤나 받는 고등학생이었다. 그런 기념품은 "시계 하나 없어서 지각하고 늦잠 자는 줄 아나!" 하며 서랍에 처박아두었는데, 음악가가 방구석에서 직접 포장한 사인 앨범은 달랐다.

첫 번째 게시 글은 2004년 2월 4일 17시 37분에 남겼고 그날은 입춘이었다.

"드디어 입금했습니다. 엄마한테 돈 타느라 진짜 힘들었어요. 방학이라 용돈이 없걸랑요. 여하튼 너무 기쁩니다."

그 밑에 달빛요정 님의 댓글이 달렸다.

"보내드렸습니다. 힘들게 구입하신 만큼 마음에 드셔야 할 텐데……. 조금만 기다려주세요. 내일쯤 도착할 겁니다."

하나의 노래를 들으며 누군가가 애써 만들었을 시간을 감히 가늠해보는 것까지가 그 시절의 음악 감상이었다. 옛 음악가의 골방을 떠올려보려 하지만 그때의 나, 나의 골방만이 고스란히 보인다. 각자의 골방에 앉아 게시판에 쓴 글은 지금도 달빛요정의 홈페이지에서 볼 수가 있다.

"29년 만의 메아리. 2023년 통합 우승 챔피언은 LG 트윈스입니다."

우승의 함성이 울려 퍼지던 2023년 11월, 딱 13년 전 11월을 떠올리는 사람들이 존재했다. 11월이면 그를 떠올리며 추모 글을 쓰기 위해 게시판으로 모이는 사람이 여전히 많지만, 2023년 11월에는 기억하는 마음과 함께 축하하려는 사람들이 모여들었다. 29년 만에 우승의 한을 푼 순간, 달빛요정의 노래 〈축배〉가 터져 나온 걸 그에게 알려주고 싶어서.

20년 넘게 열려 있는 게시판의 최근 게시 글을 하나씩 읽어본다. 세상 속 작고 뭉글한 마음들이 어스름처럼 잠잠히 스며든다. 우리가 세상의 아주 일부인 줄 모른 채, 나의 한 시절 전부가 되는 무언가를 기억하고 산다.

내가 쓴 다음 글은 배송을 받은 직후에 남긴 글이었고, 그

다음 글은 그냥 남긴 일종의 응원 메시지였다. 시디를 사서 너무 뿌듯하다고, 집에서 매일 노래를 불렀더니 오빠란 사람도 달빛요정 님을 좋아하게 된 것 같다고. 그때의 내 말투 그대로 적혀 있었다. 달빛요정역전만루홈런의 노래를 라디오에서 처음 듣고, 따라서 흥얼거리고, 시디를 어렵사리 사고, 기쁘게 받아서 뜯던 그 작은 세상 작은 방에는 늘 나의 오빠가 함께했다.

"달빛요정 님 노래는 저녁에 버스 타고 가면서 듣기 딱 좋은 노래인 것 같아요."

그날의 시디를 골라 시디플레이어를 들고 다니며 듣던 한 시절이 끝났지만, 달빛요정역전만루홈런의 노래를 들으면 듣고 싶던 음악의 무게를 지니며 이동하던 때가 떠오른다. 버스를 타고 가면서 듣기 좋은 노래라는 기준은 여전히 좋은 음악의 척도로 쓰인다.

글을 남긴 지 몇 시간이 흘렀을까, 댓글이 금방 달렸다.

"아마 제가 버스에서 가사를 많이 생각해서 그런가 봐요. 버스의 그 덜컹거림이 가사에 실리는지도 모르겠네요."

꼭 자기 같은 말을 골라 쓰는 사람들이 있다. 그런 사람들을 오래 기억하고 싶다. 그는 마을버스 노선만큼 짧은 시간 동안 노래를 만들었지만, 생각보다 많은 이를 오랫동안 태우고 다니는 음악가로 우리에게 남았다. 버스에 올라타지 않고 가만히 앉아 듣기만 해도 충분히 덜컹거린다. 다음 사람을 위해 버스에 두고 내리는 신문처럼, 달빛요정의 노래들 또한 헤매고 덜컹거리고 절룩거리며 머뭇거리는 청년들의 귓가에 요긴하게 닿는다.

만약 달빛요정이 댓글을 달아준다면 지금의 나는 어떤 이야기를 남기고 싶을까. 세상이 왜 날 원하겠냐고, 미친 게 아니라면 왜 좋아하겠냐 외치던 그에게 하고 싶은 말이 있다.

"2025년의 버스에서 듣기에도 좋아요."

아니면 이건 어떨까.

"〈361 타고 집에 간다〉, 제목을 〈7011 타고 집에 간다〉로 바꾸셔야 해요."

그렇게 그가 덜컹거리며 이동하던 와우산로를 기억한다.

코코어가 부릅니다

〈비오는 밤〉

지금은 사라진 무경계팽창에너지라는 이름의 공연장에서 처음 싸지타 공연을 봤다. 양화대교를 타고 합정 방향으로 한강을 건너면 어림잡아 여기도 저기도 홍대라 부르던 시절. 곳곳에 자리한 작고 큰 공연장들 근처면 대충 홍대라 부른다는 걸 인식했던 것도 그 무렵이었다. 이런 곳에도 공연장이 있나 싶은 골목, 뜬금없는 건물 지하로 내려가도 공연이 시작되기만 하면 아무것도 상관없어졌다. 내 이름이 임진아라는 것, 아직 학생이라는 것, 이 노래를 잘 알고 있다는 것, 막차는 몇 시에 오는지, 그런 건 모두 잊고 오직 당장의 시간을 뒤집어썼다.

그날 싸지타 공연에 같이 간 친구는 번번이 손목시계로 시간을 확인했다. 한 곡만 더, 한 곡만 더 그런 중얼거림이 들리는 것만 같았다. 나는 친구 집에서 잘 거면 호적에서 이름을 지우고 나가야 하는 집에서 자랐고, 그런 엄마 아빠를 걱정하게 하기에는 집에만 있던 딸이었지만, 눈앞의 공연은 끝날 줄 몰랐고 이런 밤은 그저 아깝다는 걸 눈치챘다. 친구는 결국 입을 열어 아빠한테 혼날 것 같다며 나가자고 했다. 그도 그럴 게 우리는 고등학교 3학년이었다. 친구가 꺼낸 '아빠'라는 단어는 우리를 다시 지상의 찬 도로로 불러냈다.

합정역은 금방 나타났고, 친구는 자기가 나오자고 했으면서 지하철 계단에 잠시 앉았다 가자고 했다. 그렇게 우리는 역으로 내려가다 말고 걸터앉았다. 가족과는 별개로 피워낸 취향이 기쁘고 반가운 나이, 우리 스스로 얻어낸 우리의 밤이었지만, 가족과 별도로 잠들 수 없다는 걸 느낀 밤이기도 했다. 귀를 꽉 채우던 라이브 공연장을 빠져나와 둘만 남은 밤, 어떤 이야기를 나눴을까.

싸지타를 좋아한 이유는 단순했다. 코코어를 힘껏 좋아하는 학생이었다. 그렇게 코코어 공연을 보러 다니며 스무 살의 기쁨을 누렸다. 밥도 혼자 잘 먹고 영화도 혼자 잘 보던 나는 공연도 대체로 혼자 보러 다녔다. 코코어를 좋아한다는 건 나만의 어느 뾰족함을 애써 반짝반짝 닦는 듯한 기쁨이었다. 〈너뿐이야〉를 들으며 잠시 미치도록 뛰어놀다가 다시 지상으로 올라와 걸으면 웃음이 머금어졌다. 이제는 싸지타의 노래도 코코어의 노래도 아껴 듣는다. 오래된 노래를 처음 듣는 것과는 다르다. 같은 시절을 보낸 노래라는 건 노래 한 곡과 공존하던 때를 기억한다는 뜻. 되도록이면 그 기억을 아껴 꺼내고 싶은 것이다.

코코어 1집은 1998년에 발매되었다. 옛 한국 가요라고 하기에는 내 세대 음악 아닌가 싶다가도, 코코어 노래 중 가장 많이 들은 곡이자 좋아하는 곡 〈비오는 밤〉이 보너스트랙으로 수록된 1집을 생각하면 인디밴드 같은 거 모르던 어린 얼굴이 된다. 나는 홍대에서 꿈틀대던 공연 문화를 익히 경험한 사람이면서도, 그 시작점의 풍경은 책으로 읽거나 음악가의 입을 통해 전해 들은 홍대 키즈이기도 하다. 지금의 홍대 앞 문화는 무엇일까? 오늘날의 홍대는 그냥 홍대 앞이고, 합정은 합정일 뿐이다. 그러니까 여기저기 다 홍대라 부르던 홍대라는 무한한 경계가 희미해진 지도 오래됐다는 소리다. “여기까지도 홍대라고?” 하던 농담도 옛사람의 것이 되었다.

〈비오는 밤〉은 비 오는 날에 크게 듣는다. 술을 많이 마신 밤에도 듣는다. 98년도의 비 오는 밤을 그리면서. 코코어의 라이브 영상을 보고 또 본 어느 밤, '영웅……' 하고 중얼거렸다. '영웅이 되고 싶다……'라고. 세상을 구하는 영웅은 될 수 없겠지만, 라이브를 보다가 곡이 시작되기 전에 아무 소리도 안 나는 순간부터 녹화 버튼을 눌러 저장하는, 그리고 공유하는 영웅이 되고 싶다고. 이게 영웅이 아니면 뭘까. 〈비오는 밤〉을 라이브로 부른 적이 있었는지 이제는 기억조차 나지 않는데, 오래전 올라온 영상 덕분에 지금은 볼 수 없는 코코어의 라이브를 낮은 해상도로나마 보고 들을 수가 있다.

때론 해상도에 따라 추억할 수 있는 시대를 살았다는 게 고맙기도 하다. 화질의 상태도 회상의 좋은 조건이 된다. 저화질은 친절한 시간 여행 장치가 되어준다. 막상 그때나 지금이나 나의 눈으로는 같은 해상도로 보였을 텐데도.

서울에서 스무 번 넘게 이사를 다닌 집안의 자녀는 독립 시기를 제때 잡지 못한다. 서울에 산 덕에 공연 문화가 피어나던 홍대 앞을 마실 나가듯이 갈 수 있었고, 취향의 벽을 얇더라도 일상적으로 쌓을 수 있었지만, 나만의 행복을 홀로 홀랑 시작하기란 여간 눈치 보이는 일이 아니었다.

10년간의 직장 생활 모두 회사가 대충 홍대라 부를 수 있는 위치에 있었던 게 과연 우연이기만 할까 싶은데, 첫 회사는 지금의 서강대역 근처였고, 두 번째 회사는 서교동, 세 번째 회사는 합정역 근처였다. 어째선지 나만의 첫 집, 첫 동네도 홍대라고 부르려면 부를 수 있는 동네로 잡게 되었다. 여길 벗어나는 게 이제는 여간 어려워진 거냐고 내가 나에게 묻고 싶을 정도다. 지금은 일상이 겹치는 사람과 마포구의 조용한 골목에서 함께 산다. 마포구 중에서도 주거 지역에 속하는 곳이라 맛있게 외식을 하려면 마음을 먹고 걷거나 마을버스를 타야 한다.

어느 날, 무얼 먹을까 하며 동거인과 평소처럼 먹고 싶은 걸 함께 떠올리는 저녁에 문득 지금의 홍대 삼각형을 그려보고 싶어졌다. 하루가 다르게 해가 길어지던 시기였다. 오후 6시가 넘어서도 파란 하늘이 낮게 내려와 있었고, 그런 계절에는 술이 더해진 테이블이 그려진다. 홍대라고 하기에는 너무나 조용한 우리 동네지만, 조금만 걸어가면 내가 아는 홍대스러운 곳들이 아직은 있다.

"숨책 갔다가 꼬치집 어때."

둘 다 내가 스무 살 때부터 있던 곳이다. 동거인은 "나쁘지 않고 너무 좋지" 하고 손뼉을 쳐준다. 노느라 쏘다니는 저녁을 제안할 때면 여전히 떨린다. 같이 산다고 해서 같은 날 나가 놀고 싶은 건 아니므로.

집을 나섰는데도 여전히 퍼런빛을 내는 하늘이 반가웠다. 마을버스를 타고 금방 도착한 '숨어있는 책'은 어째선지 저녁만의 번잡함이 있었고, 한참을 구경한 후 어느 시인의 시집 한 권을 달랑 샀다. 누군가가 쓴 다정한 편지는 유독 시집에 많다. 시를 쓰는 이는 다정한 사람, 시집을 선물하는 이는 더한 사람. 그런 생각을 하면서 80년대의 손 편지를 본의 아니게 구경했다. 내가 산 시집에는 '~선생님께'라고 쓴 시인의 손 글씨가 함께였다. 시인은 자신의 이름을 자기 손으로 썼다. 자기 손으로 남기는 이름에는 평소에 갖고 있는 반듯함이 묻어 나온다.

누군가에게 선물한 책이 헌책방으로 들어왔다고 해서 책을 받은 이가 책을 저버렸다 생각하지 않는다. 모두 사라지는 이곳이니까. 책 혼자 남는 건 어쩌면 당연한 일이다. 헌책방을 정기적으로 다니면서부터 나는 손 글씨가 깃든 책에 마음이 가기 시작했다. 책처럼 면지 있는 마음을 쓰고 싶어졌다.

책방을 나오니 하늘은 더욱이 저녁이고, 바로 근처에 있는 꼬치집에서 생맥주와 꼬치를 먹었다. "우리 가게 와보셨어요?" 아마도 오늘의 메뉴를 추천할 겸 물으시는 것 같았지만 괜히 씩씩하게 대답했다. "저 여기 스무 살 때부터 왔어요." 이제는 이런 말을 잘도 하는 어른이 되었다. 꼬치집 창문으로만 보이는 홍대의 작은 풍경은 20년 전과 크게 다르지 않다.

꼬치에 생맥주를 마신 다음에는 생긴 지 얼마 안 된 음악바로 향했다. 실락원이라는 이름의 왠지 문턱이 낮은 음악바다. 좋아하는 음악가 김일두 공연을 보러 간 게 첫 방문이었다. 반 층 아래로 내려가니 노래를 들으며 시원한 술을 마시기 좋은 조도에 단숨에 휩싸였고, 자리에 앉아 막 주문을 마쳤을 때 좋아하는 노래가 흘러나왔다. '아, 이런 거구나' 집에서만 듣고 혼자만 부르던 곡을 같이 좋아하는 사람들끼리 듣는 건 재미가 있구나. 집에서 들을 때는 그렇게까지 슬프지 않던 곡이 슬프게 들리기도 했다.

신청곡 종이를 한 장 가져와서 노래 두 곡을 신청했다. 내가 신청한 노래는 '김일두가 부릅니다. 〈한 밤〉, 〈몰아 치는 비〉'. 나란히 수록된 곡을 나란히 적어 냈더니 나란히 틀어 주셨다. 가만히 들으며 하이볼을 연거푸 마시는데 이내 마음이 잠잠해졌다. 코코어의 〈비오는 밤〉을 듣는다면, 코코어 공연을 보기 위해 오던 홍대에서 코코어 노래를 신청하면 어떨까. 신청곡 종이 구석에 한 사람이 두 장 신청해도 된다면 틀어달라는 코멘트를 적어 내밀었다.

어느새 추억이 된 홍대를 지금의 홍대에서 나누고 있었다. 희미한 불씨는 거기를 오가던 이로 인하여 다시금 피어오른다. 어릴 적에 병맥주를 홀짝거리며 포크송을 듣던 아빠와 아빠 친구들을 나는 왜 짠하게 보곤 했을까. 아빠를 따라갔던 어느 지하의 음악 술집도 홍대에 있었고, 나는 거기서 멀지 않은 곳에서 하이볼을 홀짝거리며 코코어를 신청해 듣는다. 모든 게 다 면지에 남긴 손 편지 같다.

가만히 앉아서 술만 마셔도 평소에 듣던 가네코 아야노와 김일두 노래가 흘러나오는 술집. 내가 신청한 코코어 노래가 나를 놀라게 하는 술집. 내가 알던 홍대와 멀어졌어도 어느새 홍대의 삼각형을 그리고 있다. 거대하게 뻗어나가던 홍대의 지도는 계속 새로 그려지고 있을지도 모르겠다.

김민기가 부릅니다

〈바다〉

그저 〈바다〉이기만 한 제목에 다다랐다. 김민기가 쓰고 부른 많고 많은 곡 중 〈바다〉 앞에 닿기까지는 오랜 시간이 필요할지도 모르겠다. 손수 찾아 듣기란 더욱이 그럴지도 모를 일이고. 양희은이 부른 〈아침이슬〉을 내 손으로 다시금 찾아 듣는 지금 이 시대를 살면서 문득 김민기가 부른 〈아침이슬〉을 들었던 날, 최루탄 소리가 가신 골목길 하나 알지 못하고 이 땅 위에 있구나 실감했다. 나는 김민기가 부른 〈바다〉를 내 손으로 찾아 듣던 날, 그가 섰던 바다 앞 바위를 치열한 그림체로 그려나갔다.

근래 가장 좋아하는 음악가가 누구냐고 내게 묻는다면 마치 이런 질문을 받기를 기다렸다는 듯이 김일두 석 자를 댈 것이다. 힘이 들 때 드는 힘을 들어주는 듯 그 시기를 같이 지내주는 음악과 음악가가 있다. 그 곡들을 두고두고 듣다 보면 그 자리를 함께 벗어난 추억 또한 생긴다.

김일두의 곡 중에서도 나를 일으킨 곡들이 있다. 그중 〈복순씨〉는 시작하자마자 신이 나는 곡이라 바삐 쏘다니는 날에 듣곤 했고, 공연 중에 듣기라도 하면 기쁜 박자가 발끝에서부터 두들겨졌다. 동네 단골 카페이기도 한 언더독 커피에서 단독 공연이 열린 날 맨 앞줄에 앉아 듣다가 그날의 내게 박힌 노랫말이 있었고, 그림을 그리다 몇 번이나 망쳐 새 종이를 사서 돌아오는 길에 마침 들린 노랫말이 또 같았다.

> 김민기 바다 들으며 힘내어 간 곳
> 태풍에 뒤집힌 항구 자갈치

가까이에서 들으니 "김민기" "바다" "들으며" 하는 노랫말의 강세가 도드라졌다. 김일두는 힘을 하나로 모아야 하는 날이면 〈바다〉를 들으며 성큼성큼 걸었구나. 힘을 내야만 하는 길 위에서 그걸 도울 노래를 크게 들었구나. 기타 가방 하나 덜렁 메고 걷는 상상 속 모습은 보폭 넓은 걸음걸이를 줄일 생각이 없어 보이기까지 한다. 김민기의 〈바다〉

는 김일두의 〈복순씨〉 속 응어리진 맛을 더한다.

〈복순씨〉를 들은 지도 몇 년이 훌쩍 지났던 어느 날에 문득 김민기의 〈바다〉라는 곡이 정말 있을까 궁금해졌다. 뜨뜻미지근한 물에 뭉근하게 우려진 마음이 뒤늦게 자기 색을 내듯이 이제야 직전의 노랫말에 눈이 갔다. 혹시 김민기가 부른 〈바다〉가 정말로 있다면, 노랫말 한 줄은 이것이겠구나 싶었다. 의심할 여지가 없었다. "바람아 쳐라 물결아 일어라 내 작은 조각배 띄워볼란다." 그렇다면 같은 노랫말의 다른 멜로디가, 아니 원래의 멜로디가 존재한다는 이야기였다. 노랫말에 조각배라는 단어를 모처럼 넣는 김일두에게 조각배를 건넨 사람이 누구인지 알 것 같았다. 여섯 장의 시디로 구성된 김민기 박스 세트에서도 네 번째 시디 열한 번째 자리를 채우고 있는 〈바다〉를 김일두의 힘으로 그렇게 만났다.

김민기가 부른 〈바다〉의 시작을 좋아한다. 정말이지 옛노래다운 인트로다. 그야말로 비장하다. 비장하다는 뜻 그대로 슬프면서도 그 감정을 억눌러 씩씩하고 장하다. 바다뿐이 없는 세상에 서 있는 기분이다. 싸울 상대가 많지 않지만, 대차고 맹렬하게 맞서 싸워야 하는 것 하나는 분명한 옛

사람의 매서운 면모가 담겨 있다. 자신의 삶, 홀로 걸어갈 길, 휘둘릴 리 없다는 다짐 앞에서 눈초리가 바뀌며 걷기 시작하는 한 사람. 아무리 바람이 쳐도, 물결이 일어도, 그 거친 바다 위에 나라는 작은 조각배를 띄워볼란다. 노래는 거친 파도가 잦아들 기미가 보이지 않은 채로 끝이 나지만 이상하게 겁이 줄어든 기운이 맴돈다.

선보이는 사람이 된 이후로 나는 지우개처럼 작아지는 듯했다. 드러내는 직업을 갖고도 보이는 걸 망각하며 책상 앞에 앉아 있을 수 있을까. 무심코 해본 일들로 여기까지 왔는데, 무심코의 가능성을 은근히 바라지 않을 수 있을까. 원래 하던 대로 완성했다는 것만으로 소기의 성과를 거두었다며 낮게 흡족해하고 마는 습성이 생긴 것도 같았다. 전과 비슷해 보이면 받을 말이 줄어들리라 믿었던 걸까. 너무 많은 눈이 아직 아무것도 적히지 않은 종이를 둘러싸려고 들 때 〈바다〉의 힘으로, 〈바다〉의 색채로, 모르는 눈들을 감춰버린다. 어느덧 〈바다〉 속 풍경 앞에는 조각배 같은 내가 서 있다. 모르는 사람과 싸울 필요가 없어지는 동시에 내가 걷는 길 위에는 우열을 가리거나 다툴 일이 불필요하다는 걸

깨닫는다. 보이는 걸 너무 생각하지 말고 잘 펼치자고, 그런 일들 중 몇 개의 바닥에서 가끔 싹이 보이기도 한다는 것을 누구보다도 잘 알지 않느냐고 내가 나에게 말을 건다. 타인의 단발성 눈초리에 휘둘리지 말자. 내가 나의 돌이 되자. 바위 같은 돌이.

지우개처럼 작아지고 있는 게 아니다. 책처럼 펼치기도 하며 다물 줄도 아는 사람. 종이배처럼 바닥에 납작 엎드려 종이 한 장의 몸으로 지내다가도 빳빳하게 접혀 멀리 갈 수도 있는 사람. 그 여러 번 접히고 구겨진 자국을 두려워하지 않는 사람이 되어 마저 살고 싶어졌다. 김민기처럼. 김민기의 노랫말을 가져와 전혀 다른 멜로디 위에 얹어 나만의 외침을 만든 김일두처럼.

바다 앞 바위처럼 나서는 걸 꺼려했던 김민기도 이만큼 다수의 곡을 남겼다. 남의 목소리로 불린 곡들도 한 번은 그의 목소리를 거쳐 세상에 나온 적이 있다. 치열하게 나의 일을 대하면서도 완결의 지점을 이토록 수없이 만났다는 것. 그의 조각배는 작은 몸체를 지닌 채 그의 삶 안에서 은둔하듯 출렁였다. 김민기라는 바닷속 작은 조각배는 얼마나 많은 파도 위를 넘실거리며 살았을까. 바다 가까이에서도 옷 하나 젖지 않는 사람처럼, 김민기의 목소리 위에는 무광의 돌덩이 하나가 묵묵히 놓여 있다. 질척이지 않고 물기 하나 없는 목소리에서 무언가 만져진다.

그가 해온 것처럼 나도 나의 것들을 어렵고 치밀하게, 내게 허락된 완결의 매듭을 지어 되도록 치열하게 선보이는 작은 희망을 가져본다. 이 희망은 결코 작지 않다는 걸 안다.

시인과 촌장이 부릅니다

〈풍경〉

나의 삼십대 마지막 풍경이 또다시 광장이 된 광화문, 깃발들 사이에서 올려다보는 북악산일 줄 몰랐다.

이십대 초, 스물한 살에 들어간 첫 직장의 대표는 (가족을 제외하고) 난생처음 본 시위에 참여하는 어른이었다. 시위에 다녀온 다음 날이면 어째 상기된 얼굴로 후일담을 들려주었다. 그런 바깥 활동이 늘어나며 대표의 개인전 그림 채색을 나 혼자 짊어지게 되었다. 나는 내가 선 곳이, 처음 내디딘 사회의 땅이, 그림자로 가려져 아무에게도 보이지 않는 차가운 방처럼 느껴졌다. 소리를 내는 이의 빈자리를 채우는, 소리 내지 말아야 하는 사람. 광장에도 못 가는 사람. 나는 이 나라가 정말 싫었다.

이십대의 광화문에서 촛불을 들었을 때는 이제 막 좋아하게 된 사람 옆에 서 있었다. 서로 돈이 궁핍해 자주 만나지는 못했지만 촛불시위에서 모처럼 얼굴을 봤던 기억이 난다. 그는 내게 더 오래 있으면 위험하니 먼저 집에 가라고 신신당부하며 인파 속으로 사라졌고 나는 이 나라가 진짜 싫었다.

지금은 안 나가면 마음이 답답해 집회에 간다. 동거인과 집에서부터 손을 잡고서. 키키와 산책을 마치자마자 나서서 다음 산책 시간 안에 돌아온다. 물과 등산 방석 같은 건 동거인이 챙기고, 나는 초콜릿과 짠 과자와 시위 문구를 쓴 종이와 응원봉을 챙긴다.

또다시 어수선하게 변해버린 광화문에 어렵게 도착한다. 사람들 사이에서 노래를 부르고 이루고자 하는 바를 외친다. 내 작은 목소리가 하늘 위로 솟아오르는 게 보인다. 투쟁. 내내 답답하고 조용히 타닥거리던 마음이 활활 타오르는 게 보인다. 투쟁. "투쟁" 소리 내어 말해보며 이 광장에 선다. 아, 이렇게 여기에서 계속해서 외치면서 살아가야 하나. 이 나라가 너무 싫고, 그렇기에 지켜내고 싶은 것들이 확실해진다.

시위에는 나가고 싶지 않다. 살면서 시위할 일이 없으면 좋겠다. 같은 바를 이루고 싶어 나온 사람들 모두 같은 마음 같다. 바글바글 무리 지어 행진하길 좋아하는 사람은 아마 없을 것이다. 우리의 자리를, 온당히 제자리에 있어야 하는 것들을 잃었기에 모여든 오늘. 그렇기에 행진을 하며 울상을 하는 사람은 하나 없다. 집에 돌아오는 길에 그게 생각나 슬프고, 다음 주에도 나가야 할 것 같아 슬프다. 고작 잘못 산 인간이 활개를 치는 바람에 열네 살이 다 된 키키와 몇 시간 떨어져 있다는 게 슬프다. 키키의 하루는 나의 하루와 다르게 흐른다. 다섯 시간 곁을 비우면 키키는 나와 며칠을 떨어져 있다 느낄지도 모르는데. 집에서 몇 번을 잤다 깨야 나를 다시 만나는데. 그게 키키한테는 몇 밤일 텐데. 이 생각은 눈물이 나게 슬프다.

그래서 매주 집회에 무조건 나가는 사람은 되지 못했다. 오늘은 도저히 가만히 있기 어렵다 싶으면 나갔고, 행진을 하다 말고 키키에게 돌아가자 하며 동거인과 집 방향으로 몸을 틀었다. 마음의 짐은 치워진 적 없고, 그 위에 다른 짐들이 쌓이며 모든 짐이 서로 구겨졌다. 매주 집회에 나가던 한 친구는 이런 내 말을 듣고는 친구들을 대표해 나가는 거라며 내게 남았던 마음의 짐을 조금은 덜어주었다.

같이 걷는 이들 모두 그런 짐을 안고 걷는다. 같이 슬퍼하는 사람들이 눈에 다 안 들어올 만큼 그득그득한 광화문. 함께 걸으면서 우리의 봄을 되찾으려는 사람들 속에 있었다. 치열한 투쟁의 풍경에 잠시 더해졌다는 것만으로도 답답한 마음 구석에 창문 같은 구멍 하나가 뚫리고 잠시나마 바람을 맞는다. 외침에 대한 응답이 없어도, 우리의 소리를 우리가 듣다 돌아오는 길이더라도. 집회에 갔다가 집에 돌아오면 방구석에 앉아 나만의 투쟁 노래들을 들었다. 그런 시간을 가져야만 했다.

되찾고 싶은 세상을 외치고 돌아와 다시금 평소의 기운으로 살기 위해서는 나지막하게 걷게 하는 노래들이 필요했다. 나의 오늘과 내일이 평소처럼 단단하게 이어질 수 있도록. 방금 전에 나란히 걷던 사람들과 같이 듣고 같이 부르고 싶은 곡들을 들으며 집 안에서 행진을 이었다.

> 세상 풍경 속에서 가장 아름다운 풍경
> 모든 것들이 제자리로 돌아가는 풍경

그즈음 방구석에서 혼자 듣던 노랫말이 탄핵 심판 국회

대리인단의 마지막 변론에 인용되었다. 뉴스에서 듣는 노랫말은 뉴스를 보던 사람들의 어딘가를 조금이나마 흔들었을 것이다. 이 자리에서 이 소중한 시간을 노랫말을 위해 쓰는 사람. 어떠한 말보다 옳은 뜻이 거기에 담겨 있었다. 희망을 닮은 바람이 꽃잎을 흔드는 듯했다. 어느 노래는 시절을 타고 중요한 때에 꽃밭처럼 좋은 세상을 훤히 펼쳐 보인다. 뉴스를 보며 잠시 촉촉한 비가 내린 듯 내 마음이 개운해졌다.

집회 인파 속에서 등산 방석을 깔고 앉으려던 때였다. 오랜 시간 반듯하게 접혀 있던 방석을 펼치려는데 그때마다 자꾸 벌떡벌떡 세모 모양으로 접혔다. 등산 방석을 요할 정도로 긴 등반을 한 적이 없던 터라 사용해보지 않은 것이다. 몇 번이나 실패했을 때, 뒤에 있던 중년 남성이 내 방석을 휙 하고 무심히 가져갔다. 매주 산에 타는 사람처럼 노련한 손길로 구부렸다 폈다가 하니 등산 방석은 원래 이런 용도라는 듯이 금세 평평해졌다. "감사합니다" 인사를 건네며 웃고는 다시 돌아앉으려는데 왜일까, 전과는 다른 눈물이 날 것 같았다.

각자의 일상이 있다. 같은 뜻을 가지고 모였다고 해도 서로의 제자리는 알 수 없고, 그 형상은 짐작조차 할 수 없는 고유한 사람들이 모였다. 잠시이길 바라며 같이 있는 지금, 제자리를 지닌 모든 것이 오늘은 여기가 있을 곳이라는 듯이 닿지 않을 만큼 다닥다닥 함께한다. 1번 트랙 〈푸른 돛〉의 노랫말처럼 모두 억척스럽게 살아가느라 지쳤지만, 그 모습을 하고서도 한자리에 앉아 앞뒤를 이룬다. 5번 트랙 〈무지개 얼음〉의 노랫말을 따라 무지개에게 나오라고 홀로 울며 외치던 것도 함께 노래하면 웃어진다.

86년도에 발매된 시인과 촌장의 2집 앨범. 사각사각 색연필로 그린 듯한 풍경화에 고양이 한 마리와 비둘기 한 마리가 여기가 내가 있을 곳이라는 듯이 자리하고 있다. 시인과 촌장의 노랫말은 표정 잃은 날이면 더욱이 위로가 된다. 시인과 촌장은 서로 손을 잡아 여기 있는 우리가 가진 것들로만 노래를 부르자 했으니, 그 바구니에 바른 숲에서 나온 것만 담긴 게 당연하다. 거기에서 수확한 것들은 우리가 태어나 살다가 돌아가는 곳이 어떤 곳인지를 언뜻 보여준다.

재킷 뒷면 그림은 앞면과 같은 듯하지만 자세히 보면 다르다. 고양이는 그새 꼬리를 움직였고, 비둘기는 마치 그러려고 했다는 듯이 날아가고 있다. 광화문에서 만난 사람들도 모두 제자리로 돌아간다. 집과 광장을 오가는 걸음걸음은 이번 달의 풍경을 만들어내고 희망하기를 그만두지 않을 것이다.

우리 집 현관문에는 박스로 만든 시위용 피켓이 있다. 한강 작가가 노벨문학상을 수상하며 남긴 소감을 그대로 받아 적었다.

"희망이 있을까 생각하기도 하지만, 희망이 있을 거라고 희망하는 것도 희망이 아닐까 생각해요."

더는 시위에 나갈 일이 없으면 좋겠고, 등산 방석 정도는 산에서만 쓰고 싶다. 그래도 또다시 나갈 일이 생긴다면, 나가야만 살 것 같으면 나갈 것이다. 매번 나가진 못하더라도, 나의 몫을 내 자리에서 다하며 일상도 지킬 것이다. 소녀시대의 〈다시 만난 세계〉를 울지 않고 열창할 테고, 마지막 하이라이트에는 화음을 넣으며 광장에 서 있을 테다. 일평생 이 나라를 싫어할 수밖에 없더라도 모르는 사람과 모여 참말을 외치며 늙어갈 테다. 〈풍경〉의 노랫말을 중얼거리며.

Outro

이소라가 부릅니다

〈Amen〉

나의 방황을 나의 가난을
별에 기도해 다 잊기로 해
나의 욕망을 나의 절망을
다 잊기로 해 나를 믿기로 해

작은 산으로 둘러싸인 둥근 운동장에 아담한 건물 그리고 단층 교회가 덩그러니 놓여 있던 나의 중학교. 아는 사람 하나 없이 홀로 입학해 외로운 감각을 배우던 시기. 내게 종교는 내내 없었고 지금도 그렇지만, 한국그리스도의교회학원 재단에서 설립한 중학교에 들어간 탓에 3년 내내 '종교'라는 과목을 배웠다. 게다가 학교에 딸린 작은 교회에서 주 1회 아침 예배 시간이 주어졌다. 중간고사 기말고사에 종교 시험을 보았지만 성적에는 들어가지 않아 대부분의 아이들은 그 시간에 자거나 OMR 카드 빈칸을 연결해 하트 그림이나 좋아하는 아이 이름으로 채웠다. 은밀히 진지함을 키우던 나는 아무도 모르게 이런 시간을 좋아했던 것 같다. 미처 못 들어본 오래된 전설을 듣듯이. 정문 가까이에 난 등산로로 오르면 있는 교회, 거기로 잔말 없이 우르르 들어갔다가 우르르 나오는 학생들과 어른들. 처음 배운 노래를 부르기 위해 산길을 따라 산책을 하는 것만 같았다. 오래된 괴담 만화에 나올 것 같은, 교회를 그리라는 말에 정직하게 그린 듯한 교회에서의 시간이 내 삶에 그렇게 있었다.

졸업 후 한 번도 "아멘" 하고 말한 적은 없지만, 이소라의 노래 〈Amen〉을 부를 때는 소리 내어 따라 한다. 이소라도 종교는 따로 없지만 자신만의 기도로, 힘을 내는 말로, '아멘'의 의미를 만들어 노래를 부르게 되었다고 한다. 처음 본 이소라 공연에서 멘트를 듣고 알게 되었다. 창밖의 별을 보며 빌 때의 마음처럼, 부쩍 밝은 달 아래에서 손을 모을 때의 바람처럼, 찰나의 힘으로 강하다 믿는 순간이 나와 우리에게 필요하다고. 나는 매주 한 번 학교 교회에 드나들고 종교 시험을 치며 장난으로라도 OMR 카드에 하트 그림을 그리지 않았던 지난날 나의 작은 올곧음을 기억하면서

〈Amen〉을 들었다. 어디에도 안 가는구나. 아무렇지도 않게, 무심히 지냈던 그 모든 시간은. 어떻게든 쓰이는구나.

감히 내 것이 아니라고 생각해 꿈꿀 줄도 모른 채 살다가 이소라 공연에 처음으로 갔다. 문득 가만히 앉아 있다가 이소라 석 자가 눈앞에 스쳐 검색창에 써보니 하루 전에 콘서트 예매가 시작되었고, 이미 내 자리는 없었다. 자리가 없다는 것에 슬프기 전에 하루 차이로 이소라 30주년 콘서트 예매를 홀로 감각했다는 사실이 기뻤다. 그렇게 30주년 기념 공연은 가지 못했고, 다녀온 친구들의 후기를 들었다. 그리고 2025년에야 노래하고 있는 이소라를 비로소 만났다. 마침 『진아의 희망곡』 원고 마감과 겹치던 시기라 〈Amen〉의 노랫말이 달라붙었다. "나의 방황을 나의 가난을 별에 기도해 다 잊기로 해." 굳이 쓰지 않던 내 일화들을 노래의 힘으로 써왔구나. 나의 방황과 가난을, 노래라는 별에 기도하면서 그렇게 노래만큼 만나 다 잊고 내일을 새로 펼치려고 한 게 아닐까. 노래 일지가 내어준 길이 이제야 보였다. 이소라의 음악은 남긴 것도 남은 것도 하나 없어서 바스러지던 지난 사랑을 떠올리게 하며 늦은 눈물을 흘리게 해주는 음악이면서 동시에 고유의 아픔들에 가닿아 가까스로 희미하게 만들어주고 떠나는 음악이기도 했다. "첫 별이 뜨면 난 어느새 새로운 시작을 기도해." 몇 년간 희망곡을 써온 마음을 꺼내 아무도 몰래 '아멘' 하고 읊조리고 싶어졌다. 나의 평안과 나의 사랑이 있는, 이 별을, 나를 믿기로 해.

공연 첫날은 동거인과 둘이, 두 번째 날은 친구들과 넷이 봤다. 둘이서도 넷이서도 각자의 손수건을 꽉 쥐고서. 지난 공연 이후 몇 년 만의 바깥세상이라던 이소라는 첫날이니 말을 많이 하고 싶다고 했다.

"공연은 나흘 하는데요. 네 번 다 오시는 분 계시나요?"

앞자리에 앉아 있던 관객이 손을 번쩍 들었다. 왜 그러시는 것이냐, 왜 네 번 다 오시는 것이냐, 너무나 감사하다 말하는 이소라에게 관객은 마치 오랜 시간 기다린 질문이라는 듯이 지체 없이 외쳤다.

"제가 모르는 공연이 있는 게 싫어요!"

관객 모두가 비슷한 환호를 부르짖었다. 집 밖에 자주 나오라고 조르지는 못하겠지만 이렇게나 당신을 그리고 있는 사람이 많다고, 다 함께 한마음으로 외쳤다. 평상시에는 노래도 하지 않고 집에서 누워만 지내다가도, 이렇게 사람들 앞에서 노래를 부르는 순간, 그중에서도 가끔 아주 찰나의 순간에 특별한 사람이 된 것 같은 기분이 든다고, 고맙다는 이소라의 말에 나는 나이가 들수록 세상과 드문드문해지려는 내 마음이 틀린 게 아닐지도 모른다며 조금 안심을 했다. 10년 동안 지하철에 몸을 욱여넣고 매일 출퇴근하던 나는 어디로 가고 이제는 좀처럼 밖에 안 나가고, 약속을 줄이기 바쁘고, 할 수 있는 일 중에서도 애써 고르고 골라 나를 선보이는 나를, 어째 이전의 시선으로 답답해하곤 했다. 이소라가 그 스스로에게 집이 된 것처럼, 나도 나의 집이 된 게 아닐까. 그런 무기가 생겨나 더욱이 단단해진 일상을 꾸릴 수 있는 게 아닐까. 잔뜩 울고 나온 공연장을 뒤로하고 좁아진 내 세계로 돌아왔다.

친구들과 처음으로 이소라 공연을 보러 가는 날. 다정함이 뚝뚝 묻어나는 빵집에 모여 몇 시간을 신나게 떠들다가 택시를 타고 공연장으로 이동했다. 약속이라도 한 것처럼 택시 안에서 아무 말도 안 하는 우리를 보면서 나는 얘네랑 진짜 친하구나 싶었다. 커피와 빵 앞에서 쉬지 않고 떠든 수다로 인해 떨어진 체력을 입을 열지 않는 시간으로 충전하는 사람들. 그 길은 이소라를 만나러 가는 길. 조용한 시간으로 우리의 소라 언니를 만날 마음의 준비를 하고 있다는 것. 택시는 어느새 내가 다닌 중학교 앞을 지났다. 밤인데도 학교 안 언덕배기 위 교회가 눈에 들어왔다. 보려고 할 때만 보이는 작은 교회는 역시나 내 눈에만 보이는 듯했다. 뜻도 모를 찬송가를 부르고 기도 시간은 공란으로 둔 채 "아멘" 하고만 중얼거리던 중학생 시절의 내가 보여서 친구들에게 말할까 하다가 말았다. '저기가 내가 나온 중학교야. 저기 위에 교회 보이지? 매주 저기서 예배를 했어'라고 이야기할 기회가 또 언제 올까 싶었지만, 아무 상관 없는 택시 기사님이 알 정보는 아니라는 생각에 입을 다물었다. 공연장에 다다르기 전, 기사님은 안 되겠다는 듯이 조심스럽게 입을 여셨다. 그 말에 나와 친구들 모두 웃으며 다문 입을 열었다.

"저기, 혹시 싸우셨어요……? 네 분이 타셨는데 이렇게 아무 말도 안 하며 가는 손님은 처음이라서……."

"아하하, 저희 진짜 친해요. 말 안 할 만큼 친해요."

좋아하는 노래가 아주 많이 있고, 그걸 나누는 사람이 단 몇 있는 내 세상이 좋다 여겨졌다. 내가 다진 나의 세상을 믿고 싶어졌다.

희망곡 Playlist

Playlist

둘리가 살던 하늘

▶	더 클래식	〈노는 게 남는 거야〉
▶	도시아이들	〈음악도시〉
▶	오석준	〈꿈을 찾아서〉
▶	사랑과 평화	〈여행을 갑시다〉
▶	김수철	〈행복〉
▶	정원영	〈거리에 서서〉
▶	고찬용	〈거리풍경〉
▶	한동준	〈아름다운 꿈〉
▶	도시아이들	〈달빛 창가에서〉
॥	김수철	〈생각나는 사람〉
▶	한동준	〈다시 만나는 날엔〉

Playlist

둘리가 살던 하늘 2

▶	느티나무언덕	〈자기성찰〉
▶	송창식	〈이상해〉
▶	빛과 소금	〈TV Talent(샴푸의 요정 II)〉
▶	민해경	〈그대는 인형처럼 웃고 있지만〉
II	고은희 이정란	〈초대받지는 않았으나〉
▶	송창식	〈피리 부는 사나이〉
▶	김수철	〈자전거(반주 음악)〉
▶	김현식	〈떠나가버렸네〉

Playlist

영심이네 창문

▶	권성연	〈그 편지는〉
ll	고은희 이정란	〈문득 스쳐간 어느 겨울저녁에〉
▶	햇빛촌	〈외로움은 벗〉
▶	현이와 덕이	〈정말〉
▶	조하문	〈눈 오는 밤〉
▶	배따라기	〈그대 작은 화분에 비가 내리네〉
▶	16년 차이	〈순간에서 영원으로〉
▶	김성호	〈눈 오는 저녁〉
▶	푸른하늘	〈눈물나는 날에는〉
▶	조갑경	〈입맞춤〉
▶	이상우	〈꼬마 인형처럼〉
▶	여행스케치	〈초등학교 동창회 가던 날〉

Playlist

비 내리는 날

▶	고은희 이정란	〈빗소리〉
▶	이문세	〈혼자 있는 밤, 비는 내리고〉
▶	산울림	〈그대 떠나는 날 비가 오는가?〉
▶	햇빛촌	〈이런 밤에〉
▶	김광석	〈이야기 하나〉
▶	김광석	〈나른한 오후(Ver.2)〉
॥	김광석	〈이야기 둘〉
▶	신촌블루스	〈빗속에 서있는 여자〉
▶	코코어	〈비오는 밤〉
▶	빛과 소금	〈사랑했던 이유만으로〉
▶	낯선사람들	〈비닐 우산〉
▶	이정선	〈며칠째 비는 내리고〉
▶	여행스케치	〈혼자라고 느껴질 때〉
▶	산울림	〈무지개〉

Playlist

2층 그 카페로 와

▶	이소라	〈그냥 이렇게〉
▶	김현철	〈까만 치마를 입고〉
▶	빛과 소금	〈진한 커피의 야상곡〉
▶	낯선사람들	〈무대위에〉
▶	신해철	〈재즈 카페〉
▶	015B	〈이층의 작은 방〉
❚❚	토이	〈In Your Face〉

Playlist

집에는 왔어

▶	코스모스 사운드	〈스무살〉
▶	이문세	〈혼자 있는 밤, 비는 내리고〉
▶	김일두	〈새벽별〉
▶	청년실업	〈어려워〉
▶	신승은	〈지하철 한 정거장 거리를 함께 비를 맞으며〉
▶	조동진	〈긴긴 다리 위에 저녁해 걸릴 때면〉
ll	코스모스사운드	〈바람을 잡으려 해요〉
▶	김현철	〈그런대로〉
▶	윤상	〈새벽〉

Playlist

의 희망곡

Ⅱ 〈 〉

▶ 〈 〉

▶ 〈 〉

▶ 〈 〉

▶ 〈 〉

▶ 〈 〉

▶ 〈 〉

▶ 〈 〉

▶ 〈 〉

▶ 〈 〉

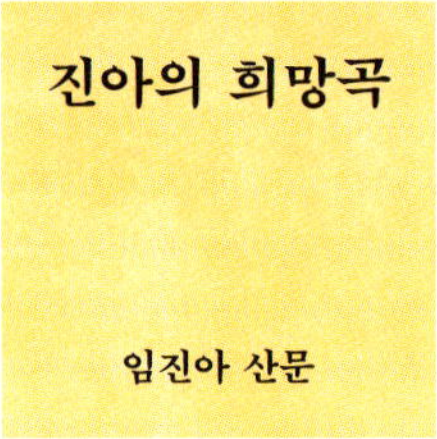

라디오에 신청곡을 보낸 적이 있으신가요? 이제는 터치 한 번으로 언제 어디서나 어렵지 않게 음악을 들을 수 있는 세상이지만, 가끔은 라디오에서 좋아하는 노래가 흘러나오기를 기다리던 시간이 그립기도 합니다.

『진아의 희망곡』은 글과 그림으로 고유한 세계를 펼쳐온 임진아 작가가 그 시절 1980~90년대에 흐르던 노래들에 귀 기울인 산문입니다. 흔한 빗소리도 노래처럼 소중히 간직하는 저자는, 누군가는 흘려들을지 모르는 노랫말에서 용기와 위로를 찾습니다. 슬픈 노래에서도 희망을 발견하고, 밝은 노래에서도 그늘진 뒷모습을 "알아보는 마음"은 자신의 삶을 사랑하는 마음에 다름 아니지요.

자칫 각자의 취향에 갇히기 쉬운 시대에 임진아 작가는 좋아하는 노래를 함께 나누며 서로의 세계를 조금씩 물들여가자고 말을 건넵니다. 어제와 비슷한 일상도 노래 한 곡으로 새롭게 기억하는 저자의 목소리가 독자님의 하루에도 화음처럼 스며들기를 바랍니다.

마음산책 드림